Olaszország Kulináris Öröksége
Ízek és Történelem

Sofia Bianchi

TARTALOM

Fettuccine tavaszi zöldségekkel 9

Fettuccine gorgonzola krémmel 11

Tagliarini genovai pestoval 13

Fettuccine articsókkal 15

Fettuccine paradicsomfilével 18

Fettuccine ezer gyógynövénnyel 20

Fettuccine kolbásszal és tejszínnel 24

Zöld-fehér tészta virslivel és tejszínnel 26

Fettuccine póréhagymával és fontinával 28

Fettuccine gombával és prosciuttoval 30

Nyári Tagliatelle 32

Fettuccine gombamártással és szardella 34

Fettuccine kagylóval 36

Tagliarini garnélarákkal és kaviárral 38

Ropogós pugliai csicseriborsó tészta 40

Tagliarini abruzzesi csokoládé ragúval 43

Bolognai lasagna 46

nápolyi lasagne 48

Lasagna spenóttal és gombával 51

Zöld lasagna 54

Zöld lasagne ricottával, bazsalikommal és paradicsomszósszal 58

lasagne padlizsánnal 61

Cannelloni ricottával és sonkával 65

Borjú és spenót cannelloni 68

Zöld-fehér cannelloni 71

Cannelloni tárkonnyal és pecorinóval 74

Sajtos ravioli friss paradicsomszósszal 77

Ravioli spenóttal és pármai sajttal 81

Téli sütőtök ravioli vajjal és mandulával 84

Ravioli hússal és paradicsomszósszal 86

Toszkán ravioli kolbásszal 90

Fűszeres Marches-stílusú ravioli 92

Gomba ravioli vaj és zsálya szószban 94

Hatalmas ravioli szarvasgombás vajjal 96

Céklás ravioli mákkal 99

Tésztakarikák hústöltelékkel tejszínes szószban 101

Burgonya tortelli Ragù kolbásszal 104

Burgonya Gnocchi 107

Burgonya gnocchi bárány ronggyal 112

Sült burgonya gnocchi 115

Sorrentói stílusú burgonyás gnocchi 117

Linguine fokhagymával, olívaolajjal és erős paprikával 119

Spagetti fokhagymával és olajbogyóval 121

Linguine pestoval 123

Vékony spagetti dióval 125

Linguine szárított paradicsommal 127

Spagetti paprikával, pecorinóval és bazsalikommal 129

Penne cukkinivel, bazsalikommal és tojással 133

Tészta borsóval és tojással 136

Linguine zöldbabbal, paradicsommal és bazsalikommal 139

Fülek burgonyakrémmel és rukkolával 141

Tészta és burgonya 143

Kagyló karfiollal és sajttal 146

Tészta karfiollal, sáfránnyal és ribizlivel 148

Íjak articsókkal és borsóval 151

Fettuccine articsókkal és vargányával 154

Rigatoni padlizsán Ragùval 158

Szicíliai spagetti padlizsánnal 161

Meghajlik brokkolival, paradicsommal, fenyőmaggal és mazsolával 164

Cavatelli zöld fokhagymával és burgonyával 166

Linguini cukkinivel 169

Penne grillezett zöldségekkel 172

Penne gombával, fokhagymával és rozmaringgal 176

Linguine céklával és fokhagymával 178

Cékla és zöld íjak 180

Tészta salátával 183

Fusilli sült paradicsommal 185

Könyök burgonyával, paradicsommal és rukkolával 188

Linguine római rusztikus stílusban 191

Penne tavaszi zöldségekkel és fokhagymával 193

"Draged" tészta tejszínnel és gombával 195

Római tészta paradicsommal és mozzarellával 198

Fusilli tonhalral és paradicsommal 200

Linguine szicíliai pestoval 202

Spagetti "Crazy" pestoval 204

Csíkok nyers Puttanesca szósszal 206

Tészta nyers zöldségekkel 208

Spagetti "Siess". 210

„Őrült" Penne 213

Rigatoni ricottával és paradicsomszósszal 215

Íj koktélparadicsommal és zsemlemorzsával 217

Töltött kagylók 219

Spagetti pecorinóval és borssal 221

Fettuccine tavaszi zöldségekkel

Fettuccine Primavera

4-6 adag receptje

Ezt a receptet állítólag a New York-i Le Cirque étteremben találták ki. Annak ellenére, hogy soha nem szerepelt az étlapon, a törzsvendégek tudják, hogy bármikor kérhetik. Használhat más zöldségeket is, például paprikát, zöldbabot vagy cukkinit, így improvizálhat annak megfelelően, ami éppen kéznél van.

4 evőkanál sótlan vaj

¼ csésze apróra vágott medvehagyma

1 csésze apróra vágott sárgarépa

1 csésze brokkoli rózsa, falatnyi darabokra vágva

4 spárga, levágva és falatnyi darabokra vágva

½ csésze friss vagy fagyasztott borsó

1 csésze nehéz vagy tejszínhab

Só és frissen őrölt fekete bors

1 font friss fettuccine

¾ csésze reszelt Parmigiano-Reggiano

10 bazsalikomlevél, egymásra rakva és vékony csíkokra vágva

1. Egy akkora serpenyőben, ahol a fettuccine elfér, olvasszuk fel a vajat közepes lángon. Adjuk hozzá a medvehagymát és a sárgarépát, és időnként megkeverve főzzük öt percig, vagy amíg megpuhul.

2. Forraljunk fel legalább 4 liter vizet egy nagy fazékban. Sózzuk ízlés szerint. Adjuk hozzá a brokkolit és a spárgát, és főzzük 1 percig. Szűrőkanállal kiszedjük a zöldségeket, és jól lecsepegtetjük, hogy az edényben felforrjon a víz.

3. Helyezze a brokkolit és a spárgát a serpenyőbe a borsóval és a tejszínnel. Felforral. Ízlés szerint sózzuk, borsozzuk. Vegyük le a tűzről.

4. Adjuk hozzá a fettuccine-t a forrásban lévő vízhez, és főzzük gyakran kevergetve, amíg a tészta al dente, puha, de még szilárd nem lesz. A fettuccine-t lecsepegtetjük, és a serpenyőbe tesszük. Adjunk hozzá sajtot és jól keverjük össze. Megszórjuk bazsalikommal és azonnal tálaljuk.

Fettuccine gorgonzola krémmel

Fettuccine Crema di Gorgonzolával

4-6 adag receptje

A világszerte gyártott kéksajtok közül a gorgonzola a kedvencem. Ebből a célból a tehéntejet penicillin spórákkal oltják be, amelyek a sajt színét és jellegzetes ízét adják. Nem túl csípős, és szépen olvad, így szószokhoz tökéletes. Ehhez a recepthez használjon enyhe típusú gorgonzolát.

2 evőkanál sótlan vaj

8 oz gorgonzola dolce, héja eltávolítva

1 csésze nehéz vagy tejszínhab

Só

1 font friss fettuccine

Frissen őrölt fekete bors

½ csésze reszelt Parmigiano-Reggiano

1. Egy közepes lábosban felolvasztjuk a vajat, és hozzáadjuk a gorgonzolát. Lassú tűzön addig keverjük, amíg a sajt elolvad.

Keverjük hozzá a tejszínt, forraljuk fel a szószt, és főzzük 5 percig, amíg a szósz kissé besűrűsödik.

2. Forraljon fel legalább 4 liter vizet. Adjunk hozzá tésztát és sót ízlés szerint. Keverjük össze alaposan. Főzzük nagy lángon, gyakran kevergetve, amíg a tészta al dente, puha, de még szilárd nem lesz. A tésztát lecsepegtetjük, a főzővíz egy részét tartalékoljuk.

3. Egy nagy, meleg tálban keverjük össze a tésztát és a szószt. Adjuk hozzá a Parmigianót és keverjük újra. Ha szükséges, adjunk hozzá egy kevés főzővizet a tészta hígításához. Azonnal tálaljuk.

Tagliarini genovai pestoval

Tagliarini al Pesto

4-6 adag receptje

Tavasszal Liguriában vékony szálú friss tésztát tálalnak vékony zöldbabbal és szeletelt újburgonyával kevert pestoval. A zöldségek magukban hordozzák a pesto ízét, csökkentve a gazdagság egy részét, és textúrát adnak.

A pesto szó tésztát jelent, és számos más típusú pesto szósz is létezik, bár ez a leghíresebb.

1 csésze csomagolt friss bazsalikomlevél

1/2 csésze friss lapos petrezselyem

1/4 csésze fenyőmag

1 gerezd fokhagyma

Só és frissen őrölt fekete bors ízlés szerint

1/3 csésze extra szűz olívaolaj

1 csésze reszelt Parmigiano-Reggiano vagy Pecorino Romano

4 közepes viaszos burgonya, meghámozva és vékonyra szeletelve

8 uncia szálkás zöldbab, 1 hüvelyk hosszúságúra vágva

1 font friss tagliarini vagy fettuccine

2 evőkanál sótlan vaj szobahőmérsékleten

1. Keverje össze a bazsalikomot, a petrezselymet, a fenyőmagot, a fokhagymát és egy csipet sót egy robotgépben vagy turmixgépben. Jól aprítsuk fel. Járó gép mellett folyamatos sugárban öntsük hozzá az olajat és dolgozzuk simára. Belekeverjük a sajtot.

2. Forraljon fel legalább 4 liter vizet. Adjuk hozzá a burgonyát és a zöldbabot. Főzzük puhára, körülbelül 8 percig. A zöldségeket szűrőkanállal kikaparjuk. Helyezze őket egy felmelegített tálba. Fedjük le és tartsuk melegen.

3. Adjuk hozzá a tésztát a forrásban lévő vízhez, és jól keverjük össze. Főzzük nagy lángon, gyakran kevergetve, amíg a tészta al dente, puha, de még szilárd nem lesz. A tésztát lecsepegtetjük, a főzővíz egy részét tartalékoljuk.

4. Tegyük a tésztát, a pestót és a vajat a tálba a zöldségekkel. Jól keverjük össze, adjunk hozzá egy kevés főzővizet, ha a tészta száraznak tűnik. Azonnal tálaljuk.

Fettuccine articsókkal

Fettuccine Carciofival

4-6 adag receptje

Tavasszal Róma-szerte megjelennek a piacokon articsókával teli szekerek. Hosszú száruk és leveleik még mindig rögzítve vannak, ami segít megelőzni a kiszáradásukat. A római szakácsok tudják, hogy a szár olyan ízletes, mint az articsóka szíve. Csak hámozd meg és süsd meg az articsóka mellett, vagy vágd fel töltelékként.

3 közepes articsóka

¼ csésze olívaolaj

1 kis hagyma, apróra vágva

¼ csésze apróra vágott friss lapos petrezselyem

1 gerezd fokhagyma, finomra vágva

Só és frissen őrölt fekete bors ízlés szerint

½ csésze száraz fehérbor

1 font friss fettuccine

Extra szűz olívaolaj

1. Vágja le az articsóka tetejét egy nagy, éles késsel. Öblítse le az articsókát hideg víz alatt, és hajtsa szét a leveleit. Kerülje el az apró töviseket a fennmaradó levélvégeken. Hajoljon hátra, és törje le az összes sötétzöld levelet, amíg el nem éri a lágy levelek halványsárga kúpját az articsóka közepén. Húzza le a kemény külső bőrt az alap és a szár körül. Hagyja a szárakat az alaphoz rögzítve; vágja le a szárak végeit. Az articsókát hosszában félbevágjuk, a szöszöket kanállal kikaparjuk. Az articsókát hosszában vékonyra szeleteljük.

2. Öntsük az olajat egy akkora edénybe, hogy elférjen benne a főtt tészta. Adjuk hozzá a hagymát, a petrezselymet és a fokhagymát, és közepes lángon főzzük, amíg a hagyma aranybarna nem lesz, körülbelül 15 percig.

3. Adjunk hozzá articsóka szeleteket, bort és ízlés szerint sózzuk, borsozzuk. Fedjük le és főzzük, amíg az articsóka megpuhul, amikor villával megszúrjuk, körülbelül 10 percig.

4. Forraljon fel legalább 4 liter vizet. Adjunk hozzá 2 evőkanál sót, majd a tésztát. Keverjük össze alaposan. Főzzük nagy lángon, gyakran kevergetve, amíg a tészta al dente, puha, de még szilárd nem lesz. A tésztát lecsepegtetjük, a főzővíz egy részét

tartalékoljuk. Adjuk hozzá a tésztát a serpenyőbe az articsókával.

5.Adjunk hozzá egy kevés extra szűz olívaolajat és egy kevés főzővizet, ha a tészta száraznak tűnik. Dobd jól. Azonnal tálaljuk.

Fettuccine paradicsomfilével

Fettuccine al Filetto di Pomodoro

4-6 adag receptje

Érett, hámozott paradicsom csíkok puhára főzve, friss fettuccine-vel ízletesek. Ebben az enyhe szószban a paradicsom megőrzi édes, friss ízét.

4 evőkanál sótlan vaj

¼ csésze finomra vágott hagyma

1 font szilvaparadicsom, meghámozva és kimagozva, 1/2 hüvelykes csíkokra vágva

6 levél friss bazsalikom

Só ízlés szerint

1 font friss fettuccine

Frissen reszelt Parmigiano-Reggiano

1. Egy nagy serpenyőben hevíts fel 3 evőkanál vajat közepes lángon, amíg el nem olvad. Adjuk hozzá a hagymát, és pirítsuk aranybarnára, körülbelül 10 perc alatt.

2. Keverjük össze a paradicsomfilét, a bazsalikomleveleket és néhány csipet sót, főzzük, amíg a paradicsom megpuhul, körülbelül 5-10 percig.

3. Forraljon fel legalább 4 liter vizet. Adjunk hozzá 2 evőkanál sót, majd a tésztát. Keverjük össze alaposan. Főzzük nagy lángon, gyakran kevergetve, amíg a tészta al dente, puha, de még szilárd nem lesz. A tésztát lecsepegtetjük, a főzővíz egy részét tartalékoljuk.

4. Adjuk hozzá a fettuccine-t a serpenyőbe a maradék 1 evőkanál vajjal. Dobd jól. Adjunk hozzá egy kis főzővizet, ha a tészta száraznak tűnik. Azonnal sajttal tálaljuk.

Fettuccine ezer gyógynövénnyel

Fettuccine alle Mille Erbe

4-6 adag receptje

Ez az egyik kedvenc nyári tésztám, amit nagyon szeretek akkor készíteni, amikor a kertemben már virágoznak a fűszernövények, és tökéletesen érett a paradicsom. A recept a toszkánai Sinalungában található Locanda dell'Amorosa étteremből és fogadóból származik. Ott stracci-t használtak, ami azt jelenti, hogy "szaggatott", a pappardelle-hez hasonló tésztaformát hordott sodrófával vágtak úgy, hogy a szélei szaggatottak legyenek. Jó helyettesítője a fettuccine.

Ennek a szósznak az elkészítése sok aprítást igényel, de jóval a tálalás előtt is elvégezhető. Ne cserélje ki a szárított fűszernövényeket frissre. Az ízük túl agresszív lenne ebben a tésztában. Minél több fajta fűszernövényt használsz, annál összetettebb lesz az íz, de még ha nem is használod fel az összes felsorolt fajtát, akkor is finom lesz.

¼ csésze apróra vágott olasz petrezselyem

¼ csésze apróra vágott friss bazsalikom

1/4 csésze apróra vágott friss tárkony

2 evőkanál apróra vágott friss menta

2 evőkanál apróra vágott friss majoránna

2 evőkanál apróra vágott friss kakukkfű

8 friss zsályalevél, apróra vágva

1 szál friss rozmaring, apróra vágva

1/3 csésze extra szűz olívaolaj

Só és frissen őrölt fekete bors

1 font friss fettuccine

1/2 csésze frissen reszelt Pecorino Romano

2 közepes érett paradicsom meghámozva, kimagozva és feldarabolva

1. Egy akkora tálban, hogy az összes hozzávalót elférjen, keverje össze a fűszernövényeket, az olívaolajat, valamint ízlés szerint sót és borsot. Félretesz.

2. Forraljon fel legalább 4 liter vizet. Adjunk hozzá 2 evőkanál sót, majd keverjük jól össze a tésztát. Főzzük nagy lángon, gyakran

kevergetve, amíg a tészta al dente, puha, de még szilárd nem lesz. A tésztát lecsepegtetjük, a főzővíz egy részét tartalékoljuk.

3. Adjuk hozzá a tésztát a fűszernövényes keverékkel együtt a tálba, és jól keverjük össze. Adjunk hozzá sajtot és keverjük újra. A paradicsomot rászórjuk a tésztára, és azonnal tálaljuk.

Fettuccine kolbásszal és tejszínnel

Fettuccine Salsicciával

4-6 adag receptje

Pörkölt pirospaprika, kolbászdarabok és zöldborsó krémes fettuccine köré tekerjük, hogy ennek az Emilia-Romagna receptnek minden falatához nagyszerű ízt adjon. Ehhez a recepthez próbáljon húsos sertéskolbászt sok fűszerezés nélkül találni.

8 uncia normál olasz sertéskolbász, bélelve

1 csésze nehéz vagy tejszínhab

½ csésze lecsepegtetett, kockára vágott sült pirospaprika

½ csésze friss vagy fagyasztott apró borsó

1 evőkanál apróra vágott friss lapos petrezselyem

Só és frissen őrölt fekete bors

1 font friss fettuccine

½ csésze reszelt Parmigiano-Reggiano

1. Melegíts fel egy nagy serpenyőt közepes lángon. Adjuk hozzá a kolbászt, és főzzük, gyakran kevergetve, hogy a csomók eltörjenek, amíg már nem rózsaszínű lesz, körülbelül 5 percig. A húst vágódeszkára szedjük, kicsit hűlni hagyjuk, majd apróra vágjuk.

2. Törölje le a serpenyőt. A tejszínt és az apróra vágott kolbászt a serpenyőbe öntjük, és felforraljuk. Keverjük össze a sült paprikát, a borsót, a petrezselymet és ízlés szerint sózzuk, borsozzuk. 3 percig főzzük, vagy amíg a borsó megpuhul. Kapcsolja ki a fűtést.

3. Forraljon fel legalább 4 liter vizet. Adjunk hozzá 2 evőkanál sót, majd a tésztát. Keverjük össze alaposan. Főzzük nagy lángon, gyakran kevergetve, amíg a tészta al dente, puha, de még szilárd nem lesz. A tésztát lecsepegtetjük, a főzővíz egy részét tartalékoljuk.

4. Adjuk hozzá a tésztát a serpenyőbe a szósszal. Adjunk hozzá sajtot és keverjük újra. Ha szükséges, adjunk hozzá egy kis főzővizet, és azonnal tálaljuk.

Zöld-fehér tészta virslivel és tejszínnel

Paglia és Fieno

4-6 adag receptje

A Paglia e Fieno szó szerint "szalmát és szénát" jelent, ami egy szeszélyes elnevezése ennek az Emilia-Romagnában együtt főzött vékony zöld-fehér tésztából álló ételnek. Általában krémes kolbászmártással öltöztetik.

2 evőkanál sótlan vaj

8 uncia hagyományos olasz sertéskolbász, bélelt eltávolítva és apróra vágva

1 csésze nehéz tejszín

½ csésze friss vagy fagyasztott apró borsó

Só

½ font friss tojás tagliarini

½ font friss spenót tagliarini

Frissen őrölt fekete bors

½ csésze reszelt Parmigiano-Reggiano

1. Egy akkora serpenyőben, hogy elférjen benne a kifőtt tészta, közepes lángon olvasszuk fel a vajat. Hozzáadjuk a kolbászhúst, és gyakran kevergetve addig főzzük, amíg a hús már nem rózsaszínű lesz, körülbelül 5 percig. Ne barnuljon meg.

2. Hozzákeverjük a tejszínt és a borsót, és felforraljuk. 5 percig főzzük, vagy amíg a krém kissé besűrűsödik. Vegyük le a tűzről.

3. Forraljon fel legalább 4 liter vizet. Adjunk hozzá 2 evőkanál sót, majd a tésztát. Keverjük össze alaposan. Főzzük nagy lángon, gyakran kevergetve, amíg a tészta al dente, puha, de még szilárd nem lesz. A tésztát lecsepegtetjük, a főzővíz egy részét tartalékoljuk.

4. A tésztát összekeverjük a kolbászos keverékkel. Adjunk hozzá bőségesen őrölt fekete borsot és sajtot, és alaposan keverjük össze. Azonnal tálaljuk.

Fettuccine póréhagymával és fontinával

Fettuccine Porrival és Fontinával

4-6 adag receptje

A legjobb fontina sajt az északnyugat-olaszországi Valle d'Aosta-ból származik. Krémes állaga és földes, szarvasgomba-szerű íze van. Étkezésre kiváló sajt és jól olvad.

4 közepes póréhagyma

½ csésze víz

2 evőkanál sótlan vaj

Só

¾ csésze nehéz tejszín

4 uncia szeletelt importált olasz prosciutto, keresztben vékony csíkokra vágva

Frissen őrölt fekete bors

1 font friss fettuccine

1 csésze reszelt Fontina Valle d'Aosta vagy Asiago

1. Vágja le a póréhagyma zöld tetejét és hegyét. Vágjuk hosszában ketté, és alaposan öblítsük le hideg folyóvíz alatt, távolítsuk el a magokat a rétegekből. A póréhagymát lecsepegtetjük, és keresztben vékonyan felszeleteljük. Kb. 31/2 dl szeletelt póréhagymát kell kapnia.

2. Egy akkora serpenyőben, hogy elférjen a tészta, keverje össze a póréhagymát, a vizet, a vajat és a sót ízlés szerint. Forraljuk fel a vizet, és főzzük addig, amíg a póréhagyma puha és enyhén áttetsző lesz, és a folyadék nagy része elpárolog, körülbelül 30 percig.

3. Adjuk hozzá a tejszínt, és főzzük további 2 percig, vagy amíg kissé besűrűsödik. Keverjük hozzá a próbát és egy kis borsot. A szószt levesszük a tűzről.

4. Forraljon fel legalább 4 liter vizet. Adjunk hozzá 2 evőkanál sót, majd a tésztát. Keverjük össze alaposan. Főzzük nagy lángon, gyakran kevergetve, amíg a tészta al dente, puha, de még szilárd nem lesz. A tésztát lecsepegtetjük, a főzővíz egy részét tartalékoljuk.

5. Adjuk hozzá a tésztát a serpenyőbe a szósszal és jól keverjük össze. Adjunk hozzá egy kis főzővizet, ha a tészta száraznak tűnik. Adjuk hozzá a fontinát, keverjük újra és tálaljuk.

Fettuccine gombával és prosciuttoval

Fettuccine Funghival és Prosciuttoval

4-6 adag receptje

A prosciuttót általában vékonyra szeleteljük, de ha egy elkészített ételhez adjuk, én gyakran jobban szeretem, ha a húst egy vastag szeletre vágom, majd vékony csíkokra vágom. Jobban megőrzi formáját és nem sül át hő hatására.

4 evőkanál sótlan vaj

1 csomag (10 uncia) gomba, vékonyra szeletelve

1 csésze fagyasztott borsó, részben felolvasztva

Só és frissen őrölt fekete bors

4 uncia importált olasz prosciutto, körülbelül 1/4 hüvelyk vastagra vágva, keresztben vékony csíkokra vágva

1 font friss fettuccine

1/2 csésze tejszín

1/2 csésze reszelt Parmigiano-Reggiano

1. Egy akkora serpenyőben, hogy minden hozzávalót elférjen, közepes lángon olvasszuk fel a vajat. Hozzáadjuk a gombát, és időnként megkeverve addig főzzük, amíg a gomba leve el nem párolog, és a gomba el nem kezd barnulni, körülbelül 10 percig.

2. Belekeverjük a borsót, megszórjuk sóval, borssal és 2 percig főzzük. Keverje hozzá a próbát, és kapcsolja le a hőt. Fedjük le, hogy melegen tartsuk.

3. Forraljon fel legalább 4 liter vizet. Adjunk hozzá 2 evőkanál sót, majd a tésztát. Keverjük össze alaposan. Főzzük nagy lángon, gyakran kevergetve, amíg a tészta al dente, puha, de még szilárd nem lesz. A tésztát lecsepegtetjük, a főzővíz egy részét tartalékoljuk.

4. Helyezzük a tésztát a serpenyőbe a zöldségekkel és a próbával. Állítsa a hőt magasra. Adjuk hozzá a tejszínt és a sajtot, majd keverjük újra. Adjunk hozzá egy kis főzővizet, ha a tészta száraznak tűnik. Azonnal tálaljuk.

Nyári Tagliatelle

Tagliatelle Estiva

4-6 adag receptje

Ebben a tésztában minden édes és friss, a kis, friss cukkini szeletektől az érett paradicsom napos ízén át a ricotta salata sajt krémesen enyhe ízéig. A ricottának ezt a préselt, kemény, száraz formáját asztali sajtként és reszelésre is használják. Cserélje ki az enyhe pecorinót vagy a Parmigiano-Reggiano-t, ha nem talál ilyen típusú ricottát.

1 kisebb hagyma, apróra vágva

¼ csésze olívaolaj

3 nagyon kicsi cukkini, 1/4 hüvelykes szeletekre vágva

Só

2 csésze szőlő paradicsom, hosszában félbevágva

1 csésze tépett bazsalikomlevél

1 font friss spenót fettuccine

½ csésze apróra vágott ricotta saláta

1. Egy nagy serpenyőben a hagymát olajon, közepes lángon 5 percig pirítjuk. Adjunk hozzá cukkinit és sót ízlés szerint. Főzzük 5 percig vagy puhára. Adjuk hozzá a paradicsomot, és főzzük további 5 percig, vagy amíg a cukkini megpuhul. Keverjük hozzá a bazsalikom felét, és kapcsoljuk le a tűzről.

2. Közben forraljunk fel legalább 4 liter vizet. Adjunk hozzá 2 evőkanál sót, majd a tésztát. Keverjük össze alaposan. Főzzük gyakran kevergetve, amíg a tészta al dente, puha, de még szilárd nem lesz.

3. A tésztát leszűrjük és a szósszal összekeverjük. Adjunk hozzá sajtot és a maradék 1/2 csésze bazsalikomot, és keverjük újra. Azonnal tálaljuk.

Fettuccine gombamártással és szardella

Fettuccine al Funghi

4-6 adag receptje

Még azok is, akik általában nem szeretik a szardellat, értékelni fogják ennek a szósznak a fokozott ízét. Jelenlétük nem nyilvánvaló; a szardella megolvad a szószban.

2 nagy gerezd fokhagyma, apróra vágva

⅓ csésze olívaolaj

12 uncia fehér vagy barna-fehér gomba, nagyon vékonyra szeletelve

Só és frissen őrölt fekete bors

½ csésze száraz fehérbor

6 szardella filé, apróra vágva

2 nagy friss paradicsom meghámozva, kimagozva és apróra vágva, vagy 1 ½ csésze apróra vágott importált olasz paradicsom, lével befőzve

1 font friss fettuccine

¼ csésze apróra vágott friss lapos petrezselyem

2 evőkanál sótlan vaj

1. Egy akkora serpenyőben, hogy az összes tészta elférjen, a fokhagymát az olajon, közepes lángon 1 percig pirítsuk.

2. Hozzáadjuk a gombát, és időnként megkeverve főzzük, amíg a folyadék el nem párolog, és a gomba barnulni kezd, körülbelül 10 percig. Felöntjük a borral és felforraljuk.

3. Adjuk hozzá a szardella és a paradicsom. Csökkentse a hőt alacsonyra, és párolja 10 percig.

4. Forraljon fel legalább 4 liter vizet. Adjunk hozzá 2 evőkanál sót, majd a tésztát. Keverjük össze alaposan. Főzzük nagy lángon, gyakran kevergetve, amíg a tészta al dente, puha, de még szilárd nem lesz. A tésztát lecsepegtetjük, a főzővíz egy részét tartalékoljuk.

5. Adjuk hozzá a tésztát a serpenyőbe a szósszal, és keverjük jól össze a petrezselyemmel. Adjuk hozzá a vajat, és keverjük újra, ha szükséges, adjunk hozzá egy kevés főzővizet. Azonnal tálaljuk.

Fettuccine kagylóval

Fettuccine Canestrellivel

4-6 adag receptje

Ezt a tésztát általában nagy kagylóval készítem. Kövérek és édesek, és egész évben kaphatók. A kisebb fésűkagylók, amelyek nyáron főleg északkeleten kaphatók, szintén kiválóak. Ne keverje össze őket az íztelen kagylókkal, amelyek meleg vízből származnak. Néha fésűkagylóként mutatják be, bár általában sokkal kisebbek és íztelenek. A kagyló körülbelül fél hüvelyk átmérőjű és krémfehér színű, míg a kalikó átmérője körülbelül negyed hüvelyk és nagyon fehér.

4 nagy gerezd fokhagyma, apróra vágva

1/4 csésze olívaolaj

1 font kagyló, 1/2 hüvelykes darabokra vágva, vagy babérkagyló, egészben hagyva

Egy csipet őrölt pirospaprika

Só

1 nagy érett paradicsom kimagozva és felkockázva

2 csésze friss bazsalikomlevél, 2 vagy 3 darabra tépve

1 font friss fettuccine

1.Egy akkora serpenyőben, hogy az összes tészta elférjen, a fokhagymát az olajon közepes lángon pirítsd, amíg a fokhagyma enyhén aranysárga lesz, körülbelül 2 perc alatt. Keverjük össze a kagylót, a borsot és a sót ízlés szerint. Főzzük, amíg a tengeri herkentyűk átlátszatlanok nem lesznek, körülbelül 1 percig.

2.Keverjük hozzá a paradicsomot és a bazsalikomot, főzzük 1 percig, amíg a bazsalikom kissé megfonnyad. Vegyük le a serpenyőt a tűzről.

3.Forraljon fel legalább 4 liter vizet. Adjunk hozzá 2 evőkanál sót, majd a tésztát. Keverjük össze alaposan. Főzzük nagy lángon, gyakran kevergetve, amíg a tészta al dente, puha, de még szilárd nem lesz. A tésztát lecsepegtetjük, a főzővíz egy részét tartalékoljuk.

4.Adjuk hozzá a tésztát a serpenyőhöz. Jól keverjük össze, ha szükséges, adjunk hozzá egy kis főzővizet. Azonnal tálaljuk.

Tagliarini garnélarákkal és kaviárral

Tagliarini al Gamberi és Caviale

4-6 adag receptje

A korall lazac kaviár finom ellenpontja a garnélarák édességének és a krémes szósznak ezen a tésztán. Ezt a receptet néhány éve találtam ki egy olasz szilveszteri bulihoz a Washington Post számára.

12 uncia közepes garnélarák, meghámozva és kivágva, 1/2 hüvelykes darabokra vágva

1 evőkanál sótlan vaj

2 evőkanál vodka vagy gin

1 csésze nehéz tejszín

Só és frissen őrölt fehér bors

2 evőkanál nagyon apróra vágott zöldhagyma

1/2 teáskanál friss citromhéj

1 font friss tagliarini

3 uncia lazac kaviár

1. Egy akkora serpenyőben, hogy az összes tészta elférjen, olvasszuk fel a vajat közepes lángon. Hozzáadjuk a garnélarákot, és kevergetve körülbelül 2 perc alatt rózsaszínűre és majdnem készre főzzük. Vágjuk ki a garnélarákot egy tányérra egy réskanállal.

2. Öntsön vodkát az edénybe. Keverés közben főzzük, amíg a folyadék elpárolog, körülbelül 1 percig. Adjuk hozzá a tejszínt és forraljuk fel. Addig főzzük, amíg a krém kissé besűrűsödik, még kb. Adjuk hozzá a garnélarákot, egy csipet sót, borsot, adjuk hozzá a zöldhagymát és a citromhéjat. Vegyük le a tűzről.

3. Forraljon fel legalább 4 liter vizet. Adjunk hozzá 2 evőkanál sót, majd a tésztát. Főzzük gyakran kevergetve, amíg a tészta al dente, puha, de még szilárd nem lesz. A tésztát lecsepegtetjük, a főzővíz egy részét tartalékoljuk.

4. Adjuk hozzá a tésztát a serpenyőbe a szósszal, és forgassuk jól közepes lángon. Adjunk hozzá egy kis főzővizet, ha a tészta száraznak tűnik. A tésztát elosztjuk a tányérok között. Díszítsen minden adagot egy kaviárral, és azonnal tálalja.

Ropogós pugliai csicseriborsó tészta

Cecil és Tria

4 adagot készít

A rövid friss tésztacsíkokat Pugliában és Dél-Olaszország más részein néha trióknak is nevezik. A 10. században Szicília normann uralkodója, II. Roger megbízott egy arab geográfust, hogy vizsgálja meg királyságát. A földrajztudós al-Idrisi azt írta, hogy látott embereket, akik lisztből ételt készítettek szálak formájában, amit a húr arab szóval, itriyah-nak neveztek. A rövidített formát, a triókat továbbra is használják.

A triók körülbelül ugyanolyan szélesek, mint a fettuccine, de 3 hüvelykes darabokra vágják. A receptben szereplő tészta szokatlan kezelést kap: a felét rendesen megfőzzük, de a másik felét ropogósra sütjük, mint a kínai éttermekben kapható tésztákat. Mindkettőt ízletes csicseriborsó szószban egyesítjük. Ez egy hagyományos recept Puglia déli részén, Lecce közelében. Ez nem hasonlít egyetlen más tésztarecepthez, amelyet Olaszországban próbáltam.

3 evőkanál plusz 1/2 csésze olívaolaj

1 kisebb hagyma, apróra vágva

1 tarja zeller, apróra vágva

1 gerezd fokhagyma, finomra vágva

1 1/2 csésze főtt vagy konzerv csicseriborsó, lecsepegtetve

1 csésze hámozott, kimagozott és apróra vágott paradicsom

2 evőkanál finomra vágott friss lapos petrezselyem

2 csésze víz

Só és frissen őrölt fekete bors

12 uncia friss fettuccine, 3 hüvelykes darabokra vágva

1. Egy nagy lábasban keverjünk össze 3 evőkanál olívaolajat a hagymával, a zellerrel és a fokhagymával. Közepes lángon főzzük puhára, körülbelül 5 percig. Adjuk hozzá a csicseriborsót, a paradicsomot, a petrezselymet és a vizet. Ízlés szerint sózzuk, borsozzuk. Forraljuk fel és főzzük 30 percig.

2. Mutasson egy konyhai papírral borított tálcát. Melegítse fel a maradék 1/2 csésze olajat egy nagy serpenyőben közepes lángon. Adjuk hozzá a tészta negyedét, és keverés közben főzzük körülbelül 4 percig, amíg felhólyagosodik, és enyhén barnulni kezd. A tésztát szűrőkanállal kivesszük, és egy tálcán lecsepegtetjük. Ismételje meg egy másik negyed tésztával.

3. Forraljon fel legalább 4 liter vizet. Adjunk hozzá 2 evőkanál sót, majd a többi tésztát. Keverjük össze alaposan. Főzzük nagy lángon, gyakran kevergetve, amíg a tészta al dente, puha, de még szilárd nem lesz. A tésztát lecsepegtetjük, a főzővíz egy részét tartalékoljuk.

4. A főtt tésztát hozzáadjuk a forrásban lévő szószhoz. Ha a tészta száraznak tűnik, öntsünk hozzá egy kis főzővizet. Úgy kell kinéznie, mint egy sűrű leves.

5. Adjuk hozzá a megsütött tésztát a serpenyőbe és keverjük össze. Azonnal tálaljuk.

Tagliarini abruzzesi csokoládé ragúval

Abruzzese al Cioccolato Amaro paszta

4-6 adag receptje

Ezt a receptet abból a receptből adaptáltam, amelyet barátom, Al Bassano mesélt egy olasz nyelvű webhelyről. Lenyűgözött, mert még soha nem láttam és nem próbáltam ehhez hasonlót. Alig vártam, hogy kipróbálhassam, és nem is csalódtam. Egy kis csokoládé és fahéj finom gazdagságot ad a szósznak.

Az eredeti recept szerint a ragùt chitarrinával, egy Abruzzóra jellemző tojástésztával tálalták, amelyet chitarra vagy "gitár" nevű eszközzel készítenek. A gitár ebben az esetben egy egyszerű fakeret, amely egy sor gitárhúrral van felfűzve. A madzagokra egy darab friss tészta tésztát teszünk, és a tésztára sodrófát tekerünk. Szűk zsinórok vágják a tésztát négyzet alakú szálakra, amelyek hasonlítanak a spagettire. A tagliarini jó helyettesítője a chitarrinanak.

1 közepes hagyma, apróra vágva

1/4 csésze olívaolaj

8 uncia darált sertéshús

Só és frissen őrölt fekete bors

½ csésze száraz vörösbor

1 csésze paradicsompüré

¼ csésze paradicsompüré

1 csésze víz

1 evőkanál apróra vágott étcsokoládé

½ teáskanál cukor

Egy csipet őrölt fahéj

1 font friss tagliarini

1. Egy közepes méretű fazékban a hagymát az olajon, közepes lángon addig főzzük, amíg a hagyma puha és aranybarna nem lesz, körülbelül 10 perc alatt. Hozzáadjuk a sertéshúst, és a húst egy kanállal feltörve enyhén barnára sütjük. Ízlés szerint sózzuk, borsozzuk.

2. Adjunk hozzá bort és forraljuk fel. Addig főzzük, amíg a bor nagy része el nem párolog.

3. Adjuk hozzá a paradicsompürét, a paradicsompürét és a vizet, mérsékeljük a hőt, és főzzük 1 órán át, időnként megkeverve, amíg a szósz besűrűsödik.

4. Keverje hozzá a csokoládét, a cukrot és a fahéjat, amíg a csokoládé elolvad. Kóstolja meg a fűszereket.

5. Forraljon fel legalább 4 liter vizet. Adjunk hozzá 2 evőkanál sót, majd a tésztát. Keverjük össze alaposan. Főzzük nagy lángon, gyakran kevergetve, amíg a tészta al dente, puha, de még szilárd nem lesz. A tésztát lecsepegtetjük, a főzővíz egy részét tartalékoljuk.

6. Egy nagy, meleg tálban keverjük össze a tésztát és a szószt. Adjunk hozzá egy kis főzővizet, ha szükséges. Azonnal tálaljuk.

Bolognai lasagna

lazania Bolognese

8-10 adag receptje

Ez az észak-olaszországi bolognai lasagne nagyon különbözik a dél-olasz változattól, amely ezt a receptet követi, bár mindkettő klasszikus. A bolognai változat tojáslasagne helyett zöld spenótos lasagne-val készül, sajtként csak a Parmigiano-Reggiano, míg a déli változat mozzarellát, ricottát és pecorino romanót tartalmaz. A tejszínes fehér bésamel szósz az északi változat szokásos alapanyaga, míg a déli változat sokkal több húst tartalmaz. Próbáld ki mindkettőt – egyformán finomak.

   3-4 csésze Ragu Bolognai stílusban

   3 csésze Besamel szósz

1 kiló lasagne friss spenóttal

Só

1 1/2 csésze reszelt Parmigiano-Reggiano

2 evőkanál sótlan vaj

1. Készítsen két szószt. Forraljon fel legalább 4 liter vizet. Készítsen elő egy nagy tál hideg vizet. Forrásban lévő vízhez adjuk a lasagne felét és 2 evőkanál sót. Addig főzzük, amíg a tészta megpuhul, de kissé alulfőtt. A tésztát szűrőkanállal kivesszük és hideg vízbe tesszük. A maradék lasagne csíkokat ugyanígy megfőzzük. A kihűlt lasagne lapokat laposan fektessük szöszmentes törülközőre.

2. Kivajazunk egy 13×10×2 hüvelykes tepsit. Tegyünk félre 2 legszebb tésztacsíkot a felső réteghez. Tegyünk félre 1/2 csésze bésamelt és 1/4 csésze sajtot. A tésztaréteget úgy helyezzük el, hogy az átfedje a darabokat. Vékony rétegekben megkenjük a bésamellel, majd a ragut és a sajtot. Ismételje meg a rétegezést, és fejezze be a tésztával. A felső réteget megkenjük a fenntartott 1/2 csésze bésamel szósszal. Megszórjuk a fenntartott 1/4 csésze sajttal. Vajpont. (Ha előre lasagne-t készítünk, fedjük le szorosan műanyag fóliával, és tegyük hűtőbe egy éjszakára.)

3. Helyezze a rácsot a sütő közepére. Melegítsük elő a sütőt 375 ° F-ra. A lasagnét 45 percig sütjük. Ha a lasagne nagyon barnulna, lazán takarjuk le alufóliával. Süssük további 15 percig, vagy amíg a szósz felpezsdül, és a közepébe szúrt kés forrón ki nem jön. Tálalás előtt tegyük félre 15 percig.

nápolyi lasagne

nápolyi lasagna

8-10 adag receptje

Amikor lasagne-t készítek, nem tudom megállni, hogy ne gondoljak kedvenc olasz gyermekmeséremre, a Pentolin delle Lasagne-re, amelyet A. Rubino írt és a Corriere della Sera című gyermekújságban jelent meg 1932-ben. Ez egy férfi története. aki mindig a fején hordott egy pentolino di terracotta-t, egy agyagedényt a lasagne főzéséhez. Védve érezte magát az időjárás viszontagságaitól, és mindig készen állt arra, hogy egy pillanat alatt lasagne-t készítsen. Nem csoda, hogy ő volt országa legjobb lasagne-készítője, a Pastacotta ("főtt tészta"), még akkor is, ha az emberek kinevették a hülye fejfedőjéért. Lasagne edényével és egy kis varázslattal megmentette Pastacotta lakosságát az éhezéstől, király lett, és boldogan élt, míg meg nem halt, minden vasárnap lasagne-t készített királyságában mindenkinek.

Ez a lasagne, ahogy anyám, és előtte a nagymamám készítette. Hihetetlenül gazdag, de teljesen ellenállhatatlan.

Körülbelül 8 csésze <u>nápolyi ragú</u>, kis húsgombócokból

Só

1 kiló friss lasagne

2 kiló egészben vagy részben zsírtalanított ricotta

1 1/4 csésze frissen facsart Pecorino-Romano

1 kiló friss mozzarella, vékonyra szeletelve

1. Készítsük el a ragut. Távolítsa el a húsdarabokat, a húsgombócokat és a kolbászt a szószból. Tegye félre a sertés- és borjúhúst egy másik étkezéshez. A kolbászokat vékony szeletekre vágjuk, és a húsgombócokkal együtt a lasagnára helyezzük.

2. Helyezzen néhány szöszmentes konyharuhát sima felületre. Készítsen elő egy nagy tál hideg vizet.

3. Forraljunk fel körülbelül 4 liter vizet. Adjunk hozzá 2 evőkanál sót. A lasagnét néhány darabonként adjuk hozzá. Addig főzzük a lasagnét, amíg megpuhul, de kissé alulsül. Vegye ki a tésztát a vízből. A kifőtt tésztát hideg vízbe tesszük. Ha már eléggé kihűlt, fektessük a tésztalapokat a törülközőkre. A törülközők egymásra rakhatók. Ugyanígy folytassa a maradék lasagne főzését és hűtését.

4. Egy 13 × 9 × 2 hüvelykes serpenyőben vékonyan megkenjük a szószt. Helyezzen egy réteg tésztát, amely kissé átfedi a darabokat. Megkenjük 2 csésze ricottával, majd kis húsgombócokkal és felszeletelt kolbásszal, majd mozzarellával. Öntsön hozzá kb. 1 csésze szószt, és szórja meg 1/4 csésze reszelt sajttal.

5. Ismételje meg a rétegeket, a végén tésztával, szósszal és reszelt sajttal. (Ha előre lasagne-t készítünk, fedjük le szorosan műanyag fóliával, és tegyük hűtőbe egy éjszakára.)

6. Helyezze a rácsot a sütő közepére. Melegítsük elő a sütőt 375 ° F-ra. A lasagnét 45 percig sütjük. Ha a lasagne nagyon barnulna, lazán takarjuk le alufóliával. Süssük további 15 percig, vagy amíg a teteje aranybarna nem lesz, és a szósz a szélein pezseg.

7. Vegye ki a lasagnét a sütőből, és hagyja 15 percig ázni. A lasagnét négyzetekre vágjuk és tálaljuk.

Lasagna spenóttal és gombával

Lasagne di Funghi és Spinaci

8-10 adag receptje

Parma a tészta szerelmeseinek paradicsoma. Ízletes töltelékekbe csomagolva, szószokkal megkenve vagy különféle összetevőkkel rétegezve a tészta könnyűnek tűnik, mint a levegő, és mindig finom. Ez az étel egy mennyei krémes lasagne emlékeim alapján készült, amelyet sok évvel ezelőtt Pármában ettem.

   3 csésze Besamel szósz

1 kiló friss spenót, apróra vágva

Só

5 evőkanál sótlan vaj

1 kis hagyma, apróra vágva

1 1/2 kiló gomba, apróra vágva

1 kiló friss lasagne

1 1/2 csésze reszelt Parmigiano-Reggiano

1. Elkészítjük a bésamel szószt. Ezután tegye a spenótot egy nagy fazékba 1/2 csésze vízzel. Adjunk hozzá egy csipet sót. Fedjük le, és közepes lángon főzzük, amíg a spenót megpuhul, körülbelül 5 percig. A spenótot jól lecsepegtetjük. Menő. Csomagolja be a spenótot egy törülközőbe, és nyomja össze, hogy a lehető legtöbb levet kivonja. A spenótot feldaraboljuk és félretesszük.

2. Egy nagy serpenyőben közepes lángon olvassz fel négy evőkanál vajat. Adjuk hozzá a hagymát, és időnként megkeverve főzzük puhára, körülbelül 5 perc alatt.

3. Gombával és ízlés szerint sózzuk, borsozzuk össze. Időnként megkeverve addig sütjük, amíg az összes folyadék el nem párolog, és a gomba megpuhul. Hozzákeverjük az apróra vágott főtt spenótot.

4. Tegyél félre egy fél csésze bésamel szószt. A többit a zöldséges keverékhez keverjük.

5. Készítsen elő egy nagy tál hideg vizet. Terítsen néhány szöszmentes konyharuhát a munkafelületére.

6. Forraljunk fel egy nagy fazék vizet. Adjunk hozzá 2 evőkanál sót. A lasagnét néhány darabonként adjuk hozzá. Addig főzzük a lasagnét, amíg megpuhul, de kissé alulsül. Vegye ki a tésztát a vízből. A kifőtt tésztát hideg vízbe tesszük. Ha elég kihűlt ahhoz,

hogy kezelni tudja, fektesse a tésztalapokat egymásra rakható törülközőre. Ugyanígy folytassa a maradék lasagne főzését és hűtését.

7. Kivajazunk egy 13×9×2 hüvelykes tepsit. Tegyünk félre 2 legszebb tésztacsíkot a felső réteghez. Helyezzen egy réteg tésztát az előkészített serpenyőbe, és fedje be a darabokat. Megkenjük vékonyan zöldségekkel és megszórjuk sajttal. Ismételje meg a rétegezést, és fejezze be a tésztával. Megkenjük a fenntartott bésamel szósszal. Megszórjuk a maradék sajttal. Meglocsoljuk a maradék vajjal.

8. Melegítse elő a sütőt 375 ° F-ra. Süssük 45 percig. Ha a lasagne nagyon barnulna, lazán takarjuk le alufóliával. Süssük további 15 percig, vagy amíg a teteje aranybarna nem lesz, és a szósz a szélein pezseg. Kivesszük a sütőből, és tálalás előtt 15 percre félretesszük. Négyzetekre vágva tálaljuk.

Zöld lasagna

Zöld lasagna

8-10 adag receptje

Zöld lasagne tészta sonkával, gombával, paradicsommal és bésamel szósszal rétegezve. Ahhoz, hogy ez húsmentes legyen, egyszerűen távolítsa el a sonkát.

3 csésze Besamel szósz

1 uncia szárított vargánya gomba

2 csésze meleg víz

4 evőkanál sótlan vaj

1 evőkanál olívaolaj

1 gerezd fokhagyma, finomra vágva

12 uncia fehér gomba, apróra vágva

½ teáskanál szárított majoránna vagy kakukkfű

Só és frissen őrölt fekete bors

1 csésze hámozott, kimagozott és apróra vágott friss paradicsom vagy konzerv importált olasz paradicsom, lecsepegtetve és apróra vágva

8 uncia szeletelt főtt sonka, darálva

1 1/4 csésze reszelt Parmigiano-Reggiano

1 1/4 kiló zöld lasagna

1. Elkészítjük a bésamel szószt. Öntsük fel vízzel a szárított gombát, és áztassuk 30 percig. Vegye ki a gombát a tálból, és tartsa le a folyadékot. Öblítse le a gombát hideg folyóvíz alatt, hogy eltávolítsa a szennyeződéseket, különös figyelmet fordítva a szárak végére, ahol felhalmozódik a talaj. A gombát durvára vágjuk. A gombás folyadékot papír kávészűrőn keresztül egy tálba szűrjük.

2. Egy nagy serpenyőben közepes lángon olvassz fel két evőkanál vajat és olajat. Adjuk hozzá a fokhagymát és pirítsuk egy percig. Adjunk hozzá friss és szárított gombát, majoránnát és ízlés szerint sózzuk, borsozzuk. Időnként megkeverve főzzük 5 percig. Adjuk hozzá a paradicsomot és a fenntartott gomba folyadékot, és főzzük addig, amíg besűrűsödik, körülbelül 10 percig.

3. Készítsen elő egy nagy tál hideg vizet. Terítsen néhány szöszmentes konyharuhát a munkafelületére.

4. Forraljon fel legalább 4 liter vizet. Adjunk hozzá 2 evőkanál sót. A lasagnét néhány darabonként adjuk hozzá. Addig főzzük a lasagnét, amíg megpuhul, de kissé alulsül. Vegye ki a tésztát a vízből. A kifőtt tésztát hideg vízbe tesszük. Ha elég kihűlt ahhoz, hogy kezelni tudja, fektesse a tésztalapokat egymásra rakható törülközőre. Ugyanígy folytassa a maradék lasagne főzését és hűtését.

5. Kivajazunk egy 13×9×2 hüvelykes tepsit. Tegyünk félre 2 legszebb tésztacsíkot a felső réteghez. Tegyünk félre 1/2 csésze bésamelt és 1/4 csésze sajtot. A tésztaréteget úgy helyezzük el, hogy az átfedje a darabokat. Megkenjük vékony réteg bésamel szósszal, gombamártással, sonkával és sajttal. Ismételje meg a rétegezést, és fejezze be a tésztával. Megkenjük a fenntartott bésamel szósszal. Megszórjuk a maradék sajttal. Meglocsoljuk a maradék vajjal.

6. Helyezze a rácsot a sütő közepére. Melegítsük elő a sütőt 375 ° F-ra. A lasagnét 45 percig sütjük. Ha a lasagne nagyon barnulna, lazán takarjuk le alufóliával. Fedjük le és süssük további 15 percig, vagy amíg a teteje aranybarna nem lesz, és a szósz a

szélein pezseg. Tálalás előtt tegyük félre 15 percig. Négyzetekre vágva tálaljuk.

Zöld lasagne ricottával, bazsalikommal és paradicsomszósszal

Lasagne Verde Ricottával, Basilicoval és Marinarával

8-10 adag receptje

Nagymamám mindig készített nápolyi lasagnét, de időnként meglepett minket ezzel a húsmentes változattal, főleg nyáron, amikor a tipikus húsalapú dragù túl nehéznek tűnt.

Már csak erre a lasagne-ra gondolva is éhes leszek. A bazsalikom aromája, a sajt gazdagsága és a paradicsomszósz édessége olyan kombináció, ami engem csábít. Ez is egy gyönyörű étel vörös, zöld és fehér rétegekkel.

    5-6 csészeMarinara szószVagyFriss paradicsomszósz

Só és frissen őrölt fekete bors

1 1/4 kiló friss zöld lasagne

2 kiló friss, félzsíros ricotta

1 tojás, enyhén felverve

1 csésze reszelt Parmigiano-Reggiano vagy Pecorino Romano

8 uncia friss mozzarella sajt, vékonyra szeletelve

1 nagy csokor bazsalikom, egymásra rakva és vékony csíkokra vágva

1. Ha szükséges, mártást készítünk. Ezután készítsen elő egy nagy tál hideg vizet. Terítsen néhány szöszmentes konyharuhát a munkafelületére.

2. Forraljon fel legalább 4 liter vizet. Adjunk hozzá 2 evőkanál sót. A lasagnét néhány darabonként adjuk hozzá. Addig főzzük a lasagnét, amíg megpuhul, de kissé alulsül. Vegye ki a tésztát a vízből. A kifőtt tésztát hideg vízbe tesszük. Ha elég kihűlt ahhoz, hogy kezelni tudja, fektesse a tésztalapokat egymásra rakható törülközőre. Ugyanígy folytassa a maradék lasagne főzését és hűtését.

3. Egy tálban keverjük össze a ricottát, a tojást és ízlés szerint sózzuk, borsozzuk.

4. Egy 13 × 9 × 2 hüvelykes serpenyőben vékonyan megkenjük a szószt. Helyezzen két lasagnát a serpenyőbe egy rétegben, kissé átfedve egymást. Egyenletesen elkenjük a ricottás keverék felével, és megszórjuk 2 evőkanál reszelt sajttal. A tetejére helyezzük a mozzarella szeletek egyharmadát.

5. Helyezzünk rá még egy réteg lasagnét, és kenjük meg szósszal. A tetejére szórjuk a bazsalikomot. A fent leírtak szerint rétegezzük a sajtokat. Ismételje meg a harmadik réteggel. Készíts egy utolsó réteget lasagnából, szószból, mozzarellából és reszelt sajtból. (Ezt eddig a pontig megteheti. Fedje le műanyag fóliával, és tegye hűtőszekrénybe néhány órára vagy egy éjszakára.)

6. Helyezze a rácsot a sütő közepére. Melegítsük elő a sütőt 375 ° F-ra. A lasagnét 45 percig sütjük. Ha a lasagne nagyon barnulna, lazán takarjuk le alufóliával. Süssük további 15 percig, vagy amíg a teteje aranybarna nem lesz, és a szósz a szélein pezseg. Hagyja 15 percig. Négyzetekre vágva tálaljuk.

lasagne padlizsánnal

Lasagne Parmigiana-val

8-10 adag receptje

Barátom, Donatella Arpaia, aki gyermekkora nyarait családjával Olaszországban töltötte, emlékszik kedvenc nagynénjére, aki kora reggel lasagnét készített friss zöldségekkel, majd később a nap folyamán elvitte a strandra ebédelni. A serpenyőt gondosan törölközőbe csavarták, a tartalma még meleg volt, amikor leültek enni.

Ez a változat a padlizsán parmezánhoz hasonlít, friss lasagne tésztával. Tökéletes nyári svédasztalhoz vagy vegetáriánusok felszolgálásához.

2 közepes padlizsán (egyenként kb. 1 font)

Só

olivaolaj

1 közepes hagyma, apróra vágva

5 font friss szilvaparadicsom, meghámozva, kimagozva és apróra vágva, vagy 2 (28 uncia) doboz importált olasz paradicsom, meghámozva, lecsepegve és apróra vágva

Frissen őrölt fekete bors

2 evőkanál apróra vágott friss lapos petrezselyem

2 evőkanál apróra vágott friss bazsalikom

1 kiló friss lasagne

1 kiló friss mozzarella, negyedelve és vékonyra szeletelve

1 csésze reszelt Parmigiano-Reggiano

1. A padlizsánt felaprítjuk, és vékony szeletekre vágjuk. A szeleteket megszórjuk sóval, és szűrőedénybe tesszük egy tányérra. Hagyja legalább 30 percig. Öblítse le a padlizsánt hideg vízben és szárítsa meg.

2. Helyezze a rácsot a sütő közepére. Melegítsük elő a sütőt 400 ° F-ra. A padlizsánszeleteket alaposan kenjük meg mindkét oldalukon olívaolajjal. Helyezze a szeleteket nagy tepsikre. Süssük a padlizsánt 30 percig, vagy amíg puhák és enyhén megpirulnak.

3. Egy nagy fazékban a hagymát 1/3 csésze olívaolajon közepes lángon, kevergetve puhára, de nem barnára főzzük, körülbelül 10 perc alatt. Adjunk hozzá paradicsomot és sózzuk, borsozzuk ízlés szerint. Forraljuk fel, és főzzük addig, amíg kissé besűrűsödik, körülbelül 15-20 percig. Belekeverjük a bazsalikomot és a petrezselymet.

4. Terítsen néhány szöszmentes konyharuhát a munkafelületére. Készítsen elő egy nagy tál hideg vizet. Forraljon fel legalább 4 liter vizet. Adjunk hozzá 2 evőkanál sót. A lasagne csíkokat egyenként főzzük meg. Távolítsa el a csíkokat egy perc múlva, vagy amíg még kemények. Tedd őket egy tál vízbe, hogy kihűljenek. Ezután fektesse őket a törölközőkre. Ismételje meg, főzzük és hűtsük le a maradék tésztát ugyanúgy; a törölközők egymásra rakhatók.

5. Enyhén olajozzon ki egy 13 x 9 x 2 hüvelykes lasagne serpenyőt. A serpenyőre vékony réteg szószt kenünk.

6. Helyezzen egy réteg tésztát, amely kissé átfedi a darabokat. Megkenjük vékony szósszal, majd padlizsánszeletekkel, mozzarellával és reszelt sajttal. Ismételje meg a rétegeket, a végén tésztával, paradicsomszósszal és reszelt sajttal. (Akár 24 órával előre elkészíthető. Fedjük le műanyag fóliával és tegyük hűtőbe. Sütés előtt kb. 1 órával vegyük ki a hűtőből.)

7. Melegítse elő a sütőt 375 ° F-ra. Süssük 45 percig. Ha a lasagne nagyon barnulna, lazán takarjuk le alufóliával. Süssük további 15 percig, vagy amíg a teteje aranybarna nem lesz, és a szósz a szélein pezseg. Kivesszük a sütőből, és tálalás előtt 15 percre félretesszük. Négyzetekre vágva tálaljuk.

Cannelloni ricottával és sonkával

Cannelloni al Prosciutto

8 adagot készít

A Ricotta azt jelenti, hogy "újra főtt". Ezt a friss sajtot Olaszországban készítik tehén- vagy juhtej savójából, a kemény sajt, például a pecorino készítése után visszamaradt vizes folyadékból. Amikor a tejsavót felmelegítjük, a maradék szilárd anyag koagulálódik. Miután leszűrtük, a túró lágy sajttá alakul, amelyet ricottának neveznek. Az olaszok reggelire vagy desszert sajtként és sok tésztaételhez fogyasztják. Ezek ricotta és prosciutto szeletekkel töltött dél-olasz cannelloni. Bármilyen paradicsomszószt használhatunk ehhez a tésztához, de ha gazdagabb ételre vágyunk, helyettesíthetjük húsmártással is.

1 receptFriss tojásos tészta, 4 hüvelykes négyzetekre vágva cannellonihoz

    1 recept (kb. 3 csésze)Friss paradicsomszószVagyToszkán paradicsomszósz

Só

1 kiló friss mozzarella

1 (16 uncia) tartály egészben vagy részben zsírtalanított ricottában

½ csésze apróra vágott importált olasz prosciutto (kb. 2 uncia)

1 nagy tojás, felvert

¾ csésze reszelt Parmigiano-Reggiano

Frissen őrölt fekete bors

1. Elkészítjük a tésztát és a szószt. Helyezzen néhány szöszmentes konyharuhát sima felületre. Készítsen elő egy nagy tál hideg vizet. Forraljunk fel körülbelül 4 liter vizet. Sózzuk ízlés szerint. Egyszerre adjunk hozzá néhány négyzet tésztát. A tésztát puhára főzzük, de kissé alulfőtt. A tésztát kivesszük a vízből, és hideg vízbe tesszük. Ha elég kihűlt ahhoz, hogy kezelni tudja, fektesse a tésztalapokat egymásra rakható törülközőre. A megmaradt tésztát ugyanúgy főzzük és hűtsük le.

2. Egy nagy tálban keverje össze a mozzarellát, a ricottát, a prosciuttót, a tojást és a 1/2 csésze parmigianót. Jól összekeverjük és ízlés szerint sózzuk, borsozzuk.

3. Tegyünk egy vékony réteg szószt egy nagy tűzálló edény aljára. Minden tészta négyzet egyik végére kenjünk körülbelül 2 evőkanál tölteléket. A tésztát a töltött végétől kezdve feltekerjük, és a tekercseket varrattal lefelé az előkészített tepsibe helyezzük.

4. Vékony réteg szószt öntsünk a tésztára. Megszórjuk a maradék Parmigiano-val.

5. Helyezze a rácsot a sütő közepére. Melegítsd elő a sütőt 375 °F-ra. Süsd 30 percig, vagy amíg a szósz bugyborékol, és a sajtok megolvadnak. Melegen tálaljuk.

Borjú és spenót cannelloni

Cannelloni di Vitello e Spinaci

8 adagot készít

A cannelloni mindig olyan elegánsnak tűnik, de ez az egyik legkönnyebben otthon elkészíthető töltött tészta. Ez a klasszikus piemonti változat általában maradék sültből vagy párolt borjúhúsból készül. Ez az én változatom Giorgio Rocca receptjéből, az Il Giardino da Felicin tulajdonosától, amely egy hangulatos fogadó és étterem Monforte d'Albában.

3-4 csésze Besamel szósz

1 font friss spenót

2 evőkanál sótlan vaj

2 font csont nélküli borjúhús, 2 hüvelykes darabokra vágva

2 közepes sárgarépa, apróra vágva

1 zsenge zellerborda, apróra vágva

1 közepes vöröshagyma, apróra vágva

1 gerezd fokhagyma, finomra vágva

Só és frissen őrölt fekete bors

Egy csipetnyi frissen őrölt szerecsendió

11/2 csésze reszelt Parmigiano-Reggiano

11/2 lbFriss tojásos tészta, 4 hüvelykes négyzetekre vágva cannellonihoz

1. Elkészítjük a bésamel szószt.

2. Helyezze a spenótot egy nagy fazékba, közepes lángon 1/4 csésze vízzel. Fedjük le és főzzük 2-3 percig, vagy amíg megfonnyad és megpuhul. Szűrjük le és hűtsük le. Csomagolja be a spenótot egy szöszmentes ruhába, és nyomja ki annyi vizet, amennyit csak lehetséges. A spenótot apróra vágjuk.

3. Olvasszuk fel a vajat egy nagy serpenyőben közepes lángon. Adjunk hozzá borjúhúst, sárgarépát, zellert, hagymát és fokhagymát. Sóval, borssal és egy csipet szerecsendióval ízesítjük. Fedjük le, és időnként megkeverve főzzük, amíg a hús nagyon puha nem lesz, körülbelül 1 óra. Ha a hús száraz, adjunk hozzá egy kis vizet. Menő. Vágódeszkán egy nagy késsel vagy egy konyhai robotgépben aprítsa fel a keveréket nagyon finomra. A húst és a spenótot kaparjuk egy tálba, és adjunk hozzá 1 csésze bésamelt és 1 csésze Parmigianót. Jól keverjük össze és kóstoljuk meg.

4. Közben elkészítjük a tésztát. Helyezzen néhány szöszmentes konyharuhát sima felületre. Készítsen elő egy nagy tál hideg vizet. Forraljunk fel körülbelül 4 liter vizet. Adjunk hozzá 2 evőkanál sót. Egyszerre adjunk hozzá néhány négyzet tésztát. A tésztát puhára főzzük, de kissé alulfőtt. A tésztát kivesszük a vízből, és hideg vízbe tesszük. Ha elég kihűlt ahhoz, hogy kezelni tudja, fektesse a tésztalapokat egymásra rakható törülközőre. A megmaradt tésztát ugyanúgy főzzük és hűtsük le.

5. A maradék bésamel felét vékony rétegben egy nagy tepsibe öntjük. Körülbelül két evőkanál tölteléket kenjünk minden tészta négyzet egyik végére, és tekerjük fel, kezdve a töltelékkel. Helyezze a tésztatekercset varrással lefelé az előkészített tepsibe. Ismételje meg a maradék tésztával és a töltelékkel, a tekercseket egymás mellé helyezve a serpenyőben. Öntsük rá a maradék szószt, és szórjuk meg a maradék 1/2 csésze Parmigiano-val. (Akár 24 órával előre elkészíthető. Fedjük le műanyag fóliával és tegyük hűtőbe. Sütés előtt kb. 1 órával vegyük ki a hűtőből.)

6. Helyezze a rácsot a sütő közepére. Melegítsük elő a sütőt 375 ° F-ra. Süssük 30 percig, vagy amíg a cannelloni át nem melegszik és enyhén aranybarna lesz. Melegen tálaljuk.

Zöld-fehér cannelloni

Cannelloni alla Parmigiana

8 adagot készít

Ha az Emilia-Romagna régióba látogat, feltétlenül álljon meg Pármában. Ez az elegáns város, a nagy karmester, Arturo Toscanini szülőhelye, híres ízletes konyhájáról. A városban sok épület napsárga színű, pármai aranyként ismert. Pármában számos kiváló étterem található, ahol kiváló kézzel sodort tésztákat, érlelt Parmigiano-Reggiano-t és a legjobb balzsamecetet kóstolhatja meg. Ezt a cannellonit az Angiol d'Orban, egy klasszikus pármai étteremben ettem.

1 fontFriss spenótos tészta, 4 hüvelykes négyzetekre vágva cannellonihoz

    2 bögreBesamel szósz

8 uncia friss spenót, vágva

Só

1 font egész vagy részben zsírtalanított ricotta

2 nagy tojás, enyhén felverve

1½ csésze reszelt Parmigiano-Reggiano

¼ evőkanál frissen reszelt szerecsendió

Frissen őrölt fekete bors

4 uncia Fontina Valle d'Aosta, durvára reszelve

1. Elkészítjük a tésztát és a bésamel szószt. Helyezze a spenótot egy nagy fazékba, közepes lángon 1/4 csésze vízzel. Fedjük le és főzzük 2-3 percig, vagy amíg megfonnyad és megpuhul. Szűrjük le és hűtsük le. Csomagolja be a spenótot egy szöszmentes ruhába, és nyomja ki annyi vizet, amennyit csak lehetséges. A spenótot apróra vágjuk.

2. Helyezzen néhány szöszmentes konyharuhát sima felületre. Készítsen elő egy nagy tál hideg vizet. Forraljunk fel körülbelül 4 liter vizet. Adjunk hozzá 2 evőkanál sót. Egyszerre adjunk hozzá néhány négyzet tésztát. A tésztát puhára főzzük, de kissé alulfőtt. A tésztát kivesszük a vízből, és hideg vízbe tesszük. Ha elég kihűlt ahhoz, hogy kezelni tudja, fektesse a tésztalapokat egymásra rakható törülközőre. A megmaradt tésztát ugyanúgy főzzük és hűtsük le.

3. Keverje össze a spenótot, a ricottát, a tojást, 1/2 csésze parmigianót, szerecsendiót, valamint sót és borsot. Keverje hozzá a fontinát.

4. Helyezze a rácsot a sütő közepére. Melegítsük elő a sütőt 375 ° F-ra. Egy 13 x 9 x 2 hüvelykes sütőedényt kivajazunk.

5. Minden tészta négyzet egyik végére kenjük a töltelék körülbelül 1/4 csésze mennyiségét. Tekerjük fel a tésztát, a megtöltött végétől kezdve. Helyezze a cannelloni varrással lefelé a serpenyőbe.

6. A szószt a tésztára kenjük. Megszórjuk a maradék 1 csésze Parmigianóval. 20 percig sütjük, vagy amíg enyhén megpirul.

Cannelloni tárkonnyal és pecorinóval

Cannelloni di Ricotta al Dragoncello

6 adagot készít

Az enyhe édesgyökér ízű tarhonyát nem gyakran használják Olaszországban, kivéve alkalmanként Umbriában és Toszkánában. A friss tárkony elengedhetetlen ebben a receptben, mivel a szárított tárkony túlságosan határozott lenne. Ha nem találsz friss tárkonyt, cseréld ki friss bazsalikommal vagy petrezselyemmel.

Ezek az umbriai cannelloni juhtej sajtból, például Pecorino Romanoból készülnek, de helyettesíthetők Parmigiano-Reggiano-val. A sajt, a dió és a tészta ellenére ezek a cannelloni könnyűek, mint a levegő.

½ a receptből (kb. 8 uncia)Friss tojásos tészta, 4 hüvelykes négyzetekre vágva cannellonihoz

Só

1 font egész vagy részben zsírtalanított ricotta

½ csésze frissen őrölt Pecorino Romano vagy helyettesítő Parmigiano-Reggiano

1 tojás, felvert

1 evőkanál apróra vágott friss tárkony vagy bazsalikom

¼ evőkanál őrölt szerecsendió

2 evőkanál sótlan vaj

¼ csésze extra szűz olívaolaj

¼ csésze fenyőmag

1 evőkanál tárkony vagy bazsalikom

Frissen őrölt fekete bors

2 evőkanál frissen reszelt Pecorino Romano

1. Készítsük el a tésztát. Forraljon fel legalább 4 liter vizet. Adjuk hozzá a tészta felét és ízlés szerint sózzuk. Óvatosan keverjük össze. Főzzük magas lángon, gyakran kevergetve, amíg a tészta megpuhul, de kissé meg nem sül. Egy lyukas kanál segítségével távolítsa el a pasztát. Tegye át a tésztát egy tál hideg vízbe. A maradék tésztát ugyanígy főzzük ki.

2. Egy nagy tálban keverjük össze a sajtokat, a tojásokat, a tárkonyt és a szerecsendiót.

3. Helyezze a rácsot a sütő közepére. Melegítsük elő a sütőt 350 ° F. Egy nagy rakott edényt kivajazunk.

4. Szöszmentes törülközőn csöpögtess le néhány tészta négyzetet. Körülbelül 2 evőkanálnyi tölteléket kenjünk egy vonalban minden tésztanégyzet egyik végére. A tésztát a töltött végétől kezdve feltekerjük, és varrattal lefelé helyezzük a tepsibe. Ismételje meg a maradék tésztával és a töltelékkel.

5. Egy kis lábasban közepes lángon olvasszuk fel a vajat és az olívaolajat. Adjuk hozzá a fenyőmagot, a tárkonyt és a borsot, majd öntsük rá a szószt a cannellonira. Megszórjuk sajttal.

6. Süssük a cannellonit 20-25 percig, vagy amíg a szósz buborékolni kezd. Tálalás előtt 5 percre félretesszük.

Sajtos ravioli friss paradicsomszósszal

ravioli ricottával

8 adagot készít

A konyhai kellékek boltjai mindenféle ravioli készítéshez szükséges felszerelést árulnak. Van egy fémtálcára emlékeztető eszközöm, amely lenyűgözi a tésztalapokat, és a töltelék megtartására szolgáló pocakokkal, majd megfordítva lezárja, és két méretre vágja a tökéletes raviolit. Vannak szép sárgaréz és fa bélyegzőim, amelyeket Parmában vettem négyzetek és körök kivágására. Van még egy remek, fából készült sodrófa, amely elvágja a raviolit, ha herkulesi erővel megnyomja, és egy ravioli vágó, amely a forgattyús tésztafőzőmhöz tartozott. Annak ellenére, hogy mindegyiket kipróbáltam, egyiket sem használom. A ravioli elkészítésének legegyszerűbb módja, ha kézzel, minimális felszereléssel készítjük el. A hullámos szélű pogácsaszaggató szép élt ad nekik, bár éles késsel vagy pizzakoronggal is vághatók. Lehet, hogy megjelenésükben nem tökéletesek,

Ez a sajttal töltött ravioli alapreceptje, mivel Olaszország számos régiójában készülnek.

1 font egész vagy részben zsírtalanított ricotta

4 uncia friss mozzarella durvára reszelve vagy nagyon apróra vágva

1 nagy tojás, felvert

1 csésze reszelt Parmigiano-Reggiano vagy Pecorino Romano

2 evőkanál apróra vágott friss petrezselyem

Só és frissen őrölt fekete bors ízlés szerint

4 csésze Friss paradicsomszósz

1 font Friss tojásos tészta, kinyújtjuk és 4 hüvelykes csíkokra vágjuk

1. Keverje össze a ricottát, a mozzarellát, a tojást, a 1/2 csésze parmigianót, a petrezselymet, és ízlés szerint sózzuk és borsozzuk. Fedjük le és hűtsük le.

2. Elkészítjük a szószt és a tésztát. 2 vagy 3 nagy tepsit szórjunk meg liszttel. Helyezzen egy kis tálat hideg vízzel.

3. A tésztacsíkot enyhén lisztezett felületre helyezzük. Hajtsa félbe hosszában, hogy megjelölje a közepét, majd hajtsa ki. Körülbelül 1 hüvelyknyire az egyik rövid végétől kezdve, tegyen egy teáskanál tölteléket körülbelül 1 hüvelyk távolságra egymástól egyenes vonalban a hajtás egyik oldalán. Enyhén megkenjük hideg vízzel a tölteléket. A tésztát félrehajtjuk a töltelékkel. Nyomjuk ki az esetleges légbuborékokat, és zárjuk le a széleket.

A tésztával borított töltelékhalmok közé hordott pogácsaszaggatót vagy éles kést használjunk. Válasszuk szét a raviolikat, és villával erősen nyomkodjuk le a szélüket, hogy lezárjuk őket. Helyezze a raviolit egy rétegben egy tepsire.

4. Ismételje meg a maradék tésztával és a töltelékkel. Fedjük le egy törülközővel, és tegyük hűtőszekrénybe, amíg készen nem áll főzésre, vagy legfeljebb 3 óráig, többször megforgatva a darabokat, hogy ne tapadjanak a serpenyőhöz. (Ha tovább szeretné tartani őket, fagyassza le a raviolit egy sütőlapon, amíg megszilárdul. Helyezze egy erős műanyag zacskóba, és szorosan zárja le. Legfeljebb egy hónapig tárolja a fagyasztóban. Főzés előtt ne olvassa ki.)

5. Közvetlenül tálalás előtt forraljunk fel kb. 4 liter vizet egy nagy fazékban. Közben egy közepes lábosban alacsony lángon felforrósítjuk a szószt. A mártás egy részét a felmelegített tálba öntjük.

6. Csökkentse a hőt a tésztaedény alatt, hogy a víz enyhén felforrjon. Adjuk hozzá a raviolit, és főzzük puhára 2-5 percig, a ravioli vastagságától és attól függően, hogy fagyott-e vagy sem. Vágjuk ki a raviolit a serpenyőből egy réskanállal. Jól lecsepegtetjük.

7. Helyezze a raviolit egy tálba. Öntsük rá a maradék szószt. Megszórjuk a maradék 1/2 dl sajttal és azonnal tálaljuk.

Ravioli spenóttal és pármai sajttal

Tortelli alla Parmigiana

8 adagot készít

Míg Olaszországban valószínűleg a ricottával töltött ravioli a legnépszerűbb, egy hasonló főtt zöldséges változat is a kedvenc. A leggyakrabban használt zöldség a spenót vagy a mángold, de tájegységtől függően eszkarolát, pitypangot, fehérrépát és borágót is használnak.

Ebben a pármai receptben a mascarponét egy kis ricottával helyettesítik, a mángold pedig a tipikus zöld. Egykor hagyományosan Szent Patrik napján szolgálták fel őket. János június 21-én. Ne feledje, hogy Parmigiani ezeket tortellinek nevezi.

1 font friss spenót vagy mángold, szárát eltávolítva

Só

1 csésze egészben vagy részben zsírtalanított ricotta

1 csésze mascarpone (vagy további csésze ricotta)

1 nagy tojás, felvert

1 csésze reszelt Parmigiano-Reggiano

Egy csipetnyi frissen őrölt szerecsendió

Frissen őrölt fekete bors

1 receptFriss tojásos tészta, kinyújtjuk és 4 hüvelykes csíkokra vágjuk

8 evőkanál (1 rúd) sótlan vaj

1. Helyezze a zöldségeket egy nagy fazékba 1/2 csésze vízzel és ízlés szerint sóval. Fedjük le, és közepes lángon főzzük, amíg a zöldségek megfonnyadnak és megpuhulnak, körülbelül 5 percig. Szűrjük le és hűtsük le. Csomagolja be a zöldségeket szöszmentes konyharuhába vagy ruhadarabba, és nyomja össze a kezével, hogy az összes levet kivonja. A zöldeket finomra vágjuk.

2. Egy nagy tálban keverje össze az apróra vágott zöldségeket, a ricottát, a mascarponét, ha használ, a tojást, a 1/2 csésze reszelt sajtot, a szerecsendiót, és ízlés szerint sózzuk és borsozzuk.

3. Készítsük el a tésztát. A receptben leírtak szerint elkészítjük és főzzük a raviolitRavioli sajttal, 2-6.

4. Amíg a ravioli sül, közepes lángon olvasszuk fel a vajat. Öntsük a vaj felét a tálba. Adjuk hozzá a raviolit és a maradék olvasztott vajat.

5. Megszórjuk a maradék 1/2 csésze Parmigianóval, és azonnal tálaljuk.

Téli sütőtök ravioli vajjal és mandulával

Tortelli di Zucca al Burro és Mandorle

8 adagot készít

Ősszel és télen, amikor a téli squash uralja a piacot, Lombardia és Emilia-Romagna szakácsai amarettis sütikből készítik ezeket az enyhén édes, mandulás kiejtésű raviolikat. A recept nagyon régi, valószínűleg a reneszánsz idejére nyúlik vissza, amikor az édességek gyakran megjelentek az arisztokrata asztalokon étkezés közben a gazdagság jeleként.

Egyes receptek szerint egy evőkanál lecsepegtetett, apróra vágott mostardát – fűszeres mustárszirupban tartósított gyümölcsöt – kell hozzáadni a sütőtökös keverékhez. A pörkölt mandula kellemes ropogóssá teszi a feltétet.

Körülbelül 2 kiló vajdió vagy Hubbard tök

1 1/4 csésze reszelt Parmigiano-Reggiano

1/4 csésze finomra tört amaretti süti

1 nagy tojás

1/4 evőkanál őrölt szerecsendió

Só ízlés szerint

1 font_Friss tojásos tészta_, kinyújtjuk és 4 hüvelykes csíkokra vágjuk

1 rúd (4 uncia) sótlan vaj

2 evőkanál apróra vágott pörkölt mandula

1. Helyezze a rácsot a sütő közepére. Melegítsük elő a sütőt 400 ° F-ra. Egy kis tepsit kivajazunk. A sütőtököt félbevágjuk, a magokat és a rostokat kikaparjuk. Helyezzük a feleket a tepsibe, vágott oldalukkal lefelé. Süssük 1 órán keresztül, vagy amíg egy késsel megszúrjuk puhára. Menő.

2. Kaparjuk le a húst a bőrről. Tegye át a húst egy finom pengével felszerelt darálón, vagy pürésítse egy robotgépben vagy turmixgépben. Keverjünk össze 3/4 csésze sajtot, amarettit, tojást, szerecsendiót és sót, ízlés szerint fűszerezzük.

3. Készítsük el a tésztát. A receptben leírtak szerint elkészítjük és főzzük a raviolit_Ravioli sajttal_, 2-6.

4. Amíg a ravioli sül, közepes lángon olvasszuk fel a vajat. A vaj felét egy meleg tálba öntjük. Adjuk hozzá a raviolit és a maradék olvasztott vajat. Forgasd meg őket mandulával. Megszórjuk a maradék 1/2 csésze sajttal. Azonnal tálaljuk.

Ravioli hússal és paradicsomszósszal

Agnolotti Salsa Pomodoroban

8-10 adag receptje

Az olasz szakácsok ritkán kezdik a nulláról, amikor hústölteléket készítenek friss tésztákhoz. A pörköltből vagy sültből származó maradékot általában feldarabolják és megnedvesítik húslével. A töltelék meghosszabbítására tehetünk bele sajtot, főtt zöldségeket vagy zsemlemorzsát, és az egészet összekeverjük egy felvert tojással. Mivel a ravioli töltelékhez nem mindig áll rendelkezésemre maradék, ezt az egyszerű rakott tésztát ravioli töltelékének készítem.

   3 csésze Toszkán paradicsomszósz

2 evőkanál sótlan vaj

1 kiló darált borjú- vagy marhahús

1 csont nélküli, bőr nélküli csirkemell, 1 hüvelykes darabokra vágva

1 közepes vöröshagyma, apróra vágva

1 közepes sárgarépa, apróra vágva

1 kisebb tarja zeller, apróra vágva

1 gerezd fokhagyma, finomra vágva

Só és frissen őrölt fekete bors

½ csésze száraz fehérbor

1 csésze Parmigiano-Reggiano vagy Pecorino Romano

2 nagy tojássárgája

1 font<u>Friss tojásos tészta</u>, kinyújtjuk és 4 hüvelykes csíkokra vágjuk

1. Készítsük el a szószt. Ezután olvasszuk fel a vajat egy nagy serpenyőben közepes lángon. Hozzáadjuk a húst és a csirkét, és addig sütjük, amíg a hús el nem veszíti rózsaszín színét, a darált húsdarabokat kanállal törjük szét.

2. Adjuk hozzá a hagymát, a sárgarépát, a zellert és a fokhagymát. Főzzük 10 percig, gyakran kevergetve, amíg a zöldségek megpuhulnak. Ízlés szerint sózzuk, borsozzuk.

3. Adjunk hozzá bort és főzzük 1 percig. Fedjük le a serpenyőt, és csökkentsük a hőt alacsonyra. 1,5 órán keresztül főzzük, vagy amíg a hús nagyon puha nem lesz. Adjunk hozzá egy kevés vizet a serpenyőbe, ha a keverék túl száraz lesz. Vegyük le a tűzről és hűtsük le.

4. A húskeveréket konyhai robotgépbe vagy húsdarálóba kaparjuk. Darálja vagy darálja a húst finomra, de nem pépesre. Tegye át a húskeveréket egy tálba.

5. Adjunk hozzá 1/2 csésze reszelt sajtot a húskeverékhez, és jól keverjük össze. Kóstolja meg a fűszereket. Belekeverjük a tojássárgáját.

6. Készítsük el a tésztát. A receptben leírtak szerint elkészítjük és főzzük a raviolit<u>Ravioli sajttal</u>, 2-6. lépések. Forrón, szósszal tálaljuk, és megszórjuk a maradék 1/2 csésze sajttal.

Toszkán ravioli kolbásszal

Tortelli Casentines

8 adagot készít

Tortellinia *ravioli egy másik neve, gyakran használják Toszkánában és Emilia-Romagnában. Ezeket a sertéskolbásszal töltött tortelliket a gyönyörű gyapjútermékeiről is ismert vidék, Toszkána Casentino stílusában készítik.*

3 csésze Toszkán paradicsomszósz

1 gerezd fokhagyma, nagyon apróra vágva

2 evőkanál olívaolaj

1 kiló normál olasz sertéskolbász, bőr nélkül

2 nagy tojás

2 evőkanál paradicsompüré

1 csésze frissen reszelt Pecorino Romano

¼ csésze sima száraz zsemlemorzsa

2 evőkanál apróra vágott friss lapos petrezselyem

Egy csipetnyi frissen reszelt szerecsendió

Só és frissen őrölt fekete bors

1 font<u>Friss tojásos tészta</u>, kinyújtjuk és 4 hüvelykes csíkokra vágjuk

1. Készítsük el a szószt. Ezután a fokhagymát olajon, közepes lángon 1 percig pirítjuk egy nagy serpenyőben. Hozzáadjuk a kolbászhúst, és rendszeresen kevergetve addig főzzük, amíg a hús megpuhul. A kolbászhúst vágódeszkára helyezzük, és apróra vágjuk.

2. Egy nagy tálban verjük fel a tojásokat, amíg össze nem áll. Hozzáadjuk a paradicsompürét, összekeverjük a kolbászhússal, 1/2 csésze sajttal, zsemlemorzsával, szerecsendióval, ízlés szerint sózzuk, borsozzuk.

3. Készítsük el a tésztát. A receptben leírtak szerint elkészítjük és főzzük a raviolit<u>Ravioli sajttal</u>, lépések 2-6. Öntsük le a szósszal, és azonnal tálaljuk a maradék 1/2 csésze reszelt sajttal.

Fűszeres Marches-stílusú ravioli

Ravioli Marchegiana

8 adagot készít

Az Adriai-tenger partján fekvő Marches régió szakácsai a fűszerek ügyes felhasználásáról ismertek sós ételekben. Ezeket a különféle zöldségekből és sajtokból készült raviolikat például citromhéjjal, fahéjjal és szerecsendióval ízesítik. Tálaljuk velük<u>Marches stílusú ragú</u>vagy egyszerű<u>Vaj és zsálya szósz</u>.

Körülbelül 4 csésze<u>Marches stílusú ragú</u>

12 uncia különböző zöldek, például spenót, mángold, cikória vagy gyermekláncfű

1 csésze egészben vagy részben zsírtalanított ricotta

1 nagy tojás, felvert

1 csésze reszelt Parmigiano-Reggiano

1 teáskanál reszelt citromhéj

Egy csipet reszelt szerecsendió

Egy csipet őrölt fahéj

Só és frissen őrölt fekete bors

1 font<u>Friss tojásos tészta</u>, kinyújtjuk és 4 hüvelykes csíkokra vágjuk

1. Készítsük el a ragut. Ezután tegye a spenótot egy nagy fazékba, közepes lángon 1/4 csésze vízzel. Fedjük le és főzzük 2-3 percig, vagy amíg megfonnyad és megpuhul. Szűrjük le és hűtsük le. Csomagolja be a spenótot egy szöszmentes ruhába, és nyomja ki annyi vizet, amennyit csak lehetséges. A spenótot apróra vágjuk.

2. Egy nagy tálban keverje össze a ricottát, a tojást, a ½ csésze sajtot, a citromhéjat, a szerecsendiót, a fahéjat, valamint a sót és a borsot.

3. Készítsük el a tésztát. A receptben leírtak szerint elkészítjük és főzzük a raviolit<u>Ravioli sajttal</u>, 2-6. lépés. Tegye át a raviolit egy tálba. Öntsük rá a szószt, és azonnal tálaljuk a maradék 1/2 csésze sajttal.

Gomba ravioli vaj és zsálya szószban

Agnolotti ai Funghi

8 adagot készít

A gomba és a majoránna kombinációja jellemző Liguriára, ahonnan ez a recept származik. A fehér gomba jó töltelék ezekhez a raviolikhoz, de a különleges íz érdekében adjon hozzá néhány erdei gombát a töltelékhez.

3 evőkanál sótlan vaj

1 evőkanál olívaolaj

1 kiló friss gomba, vékonyra szeletelve

1 teáskanál friss majoránna vagy kakukkfű vagy egy csipet szárított

Só és frissen őrölt fekete bors

½ csésze egész vagy részben zsírtalanított ricotta

1 csésze reszelt Parmigiano-Reggiano

1 sárgája

1 font[Friss tojásos tészta](), kinyújtjuk és 4 hüvelykes csíkokra vágjuk

1/2 csésze Vaj és zsálya szósz

1. Egy nagy serpenyőben, közepes lángon olvasszuk fel a vajat és az olajat. Hozzáadjuk a gombát, a majoránnát és ízlés szerint sózzuk, borsozzuk. Időnként megkeverve addig főzzük, amíg a gomba megpuhul és a leve elpárolog. Menő.

2. A gombát aprítógépbe kaparjuk, és apróra vágjuk. Adjuk hozzá a ricottát és 1/2 csésze Parmigianót, és kóstoljuk meg. Hozzákeverjük a tojássárgáját.

3. Készítsük el a tésztát. A receptben leírtak szerint elkészítjük és főzzük a raviolit Ravioli sajttal, 2-6.

4. Közben elkészítjük a szószt. Öntsük a szósz felét egy meleg tálba. Adjuk hozzá a főtt raviolit. Öntsük a maradék szósszal, és szórjuk meg a maradék 1/2 csésze Parmigiano-Reggiano-val. Azonnal tálaljuk.

Hatalmas ravioli szarvasgombás vajjal

Ravioloni al Tuorlo d'Uovo

4 adagot készít

Egy ilyen nagyon nagy és kivételesen gazdag ravioli elég lesz az első fogáshoz. Évekkel ezelőtt ettem őket először az imolai San Domenico étteremben, amelyet a kiváló szakács, Nino Bergese alapított, aki a klasszikus olasz konyha kreatív megközelítéséről ismert.

Ez a legszokatlanabb recept. A friss tojásos tésztát a sárgája köré tekert ricotta karikával töltjük. A raviolo felvágása után az enyhén megfőtt sárgája kifolyik, és összekeveredik a vajmártással. San Domenicóban a ravioli tetejére vékonyra borotvált friss fehér szarvasgomba került. A tészta és a szósz melege kihozta ízüket és illatukat. A hatás csodálatos volt, és mindig is úgy fogom emlékezni rá, mint az egyik legfinomabb ételre, amit valaha ettem.

Bár kissé trükkösnek tűnhetnek, ezeket a raviolikat valójában nagyon egyszerű elkészíteni, és lenyűgöző a tálalása. A legjobb eredmény érdekében a raviolit közvetlenül főzés előtt állítsa össze. A szarvasgomba helyettesíthető frissen reszelt Parmigiano-Reggiano pelyhekkel. A legtöbb szarvasgombaolaj mesterséges ízű, ezért kerülöm őket.

1 font<u>Friss tojásos tészta</u>, kinyújtjuk és négy 8×4 hüvelykes csíkra vágjuk

1 csésze egészben vagy részben zsírtalanított ricotta

2 evőkanál reszelt Parmigiano-Reggiano

Egy csipet őrölt szerecsendió

Só és frissen őrölt fekete bors

4 nagy tojás

½ csésze sózatlan vaj, olvasztott

Friss fehér vagy fekete szarvasgomba vagy egy nagy darab Parmigiano-Reggiano

1. Készítsük el a tésztát. Ezután keverjük össze a ricottát és a reszelt sajtot, a szerecsendiót és ízlés szerint sózzuk, borsozzuk. Kaparja a tölteléket egy 1/2 hüvelykes heggyel ellátott csőzsákba vagy egy nagy teherbírású műanyag zacskóba, és vágja le az egyik sarkát, hogy 1/2 hüvelykes lyukat hozzon létre.

2. Befedjük a maradék tésztával, és a csíkot a pultra helyezzük. Hajtsa félbe a csíkot keresztben, majd hajtsa ki a közepét. Hagyva körös-körül 1/2 hüvelykes szegélyt, egy kör sajtkeveréket csepegtess a tésztára a hajtás egyik oldalán. Válasszunk szét egy tojást, és tegyük félre a fehérjét egy másik

felhasználásra. Óvatosan csepegtessük a sárgáját a kör közepébe. Enyhén megkenjük a sajtot hideg vízzel. A tészta másik felét ráhajtjuk a töltelékre. A tészta széleit villával nyomkodjuk le, hogy lezárjuk. Ismételje meg a maradék tésztával és a töltelékkel.

3. Forraljon fel legalább 2 liter vizet. Csökkentse a hőt, amíg a víz fel nem forr. Sózzuk ízlés szerint. Óvatosan helyezze a raviolit a vízbe, és főzze, amíg a tészta megpuhul, körülbelül 3 percig.

4. Öntsön egy kis vajat mind a 4 meleg tálba. Egyenként vegyük ki a raviolit egy réskanállal. Minden edénybe helyezzük a raviolót, és meglocsoljuk a maradék vajjal. Hámozzuk meg a vékonyra szeletelt szarvasgombát, ha használunk, vagy a Parmigiano-pelyheket egy forgó pengékkel ellátott zöldséghámozó segítségével. Azonnal tálaljuk.

Céklás ravioli mákkal

Casunziei di Barbabietole Rosse

8 adagot készít

Venetóban ezeket a gyönyörű raviolikat hagyományosan karácsonykor szolgálják fel. Imádom, ahogy a céklás töltelék finom pírként jelenik meg a tésztán. Ezek a ravioli Cortina d'Ampezzóra jellemzőek, egy világhírű síparadicsom a régió északi alpesi részén. A szószban található mák a közeli Ausztria hatását tükrözi. A mák magas szobahőmérsékleten gyorsan veszít frissességéből, ezért szagolja meg, hogy megbizonyosodjon arról, hogy nem avasodott-e. A mákot szorosan lezárt edényben tároljuk hűtőszekrényben vagy fagyasztóban.

4 közepes cékla, levágva és megpucolva

½ csésze egész vagy részben zsírtalanított ricotta

1 csésze reszelt Parmigiano-Reggiano

2 evőkanál sima száraz zsemlemorzsa

Só és frissen őrölt fekete bors

1 fontFriss tojásos tészta, kinyújtjuk és 4 hüvelykes csíkokra vágjuk

8 evőkanál (1 rúd) sótlan vaj

1 evőkanál mák

1. Helyezze a céklát egy közepes edénybe hideg vízzel, hogy ellepje. Forraljuk fel és főzzük puhára, amikor egy késsel megszúrjuk, körülbelül 30 percig. Szűrjük le és hűtsük le.

2. A céklát meghámozzuk és darabokra vágjuk. Tedd őket konyhai robotgépbe, és vágd apróra. Adjuk hozzá a ricottát, 1/2 csésze Parmigiano-Reggiano-t, zsemlemorzsát, és ízlés szerint sózzuk és borsozzuk. Csak addig dolgozzuk, amíg össze nem áll, de még mindig kicsit durva.

3. Készítsük el a tésztát. A receptben leírtak szerint elkészítjük és főzzük a raviolit Ravioli sajttal, 2-6.

4. Közben a vajat a mákkal és egy csipet sóval felolvasztjuk. A vaj felét egy meleg tálba öntjük. Tedd át a raviolit egy tálba. Öntsük a maradék szószt a raviolira, és szórjuk meg a maradék 1/2 csésze Parmigiano-Reggiano-val. Azonnal tálaljuk.

Tésztakarikák hústöltelékkel tejszínes szószban

Tortellini alla Panna

8 adagot készít

A romantikus legenda szerint ezeket a gyűrű alakú tésztazsebeket egy szakács találta fel, aki Vénusz istennőt kémlelte a fürdőjében. Szépsége ihlette a nő köldöke formájú pasztát. A történet más változatai szerint a szépség Caterina di Medici volt. Bármi legyen is az ihlet, ezeket a csodákat gazdag hús- vagy szárnyaslevesben, vagy egyszerű tejszínes vagy vajmártásban tálalják. Ennél bármi több is túlzás lenne.

4 evőkanál sótlan vaj

4 uncia kicsontozott sertéskaraj, 1 hüvelykes kockákra vágva

4 uncia importált olasz prosciutto

4 uncia mortadella

1 1/2 csésze reszelt Parmigiano-Reggiano

1 nagy tojás

1/4 evőkanál frissen őrölt szerecsendió

1 font<u>Friss tojásos tészta</u>, kinyújtjuk és 4 hüvelykes csíkokra vágjuk

1½ sűrű vagy tejszínhabhoz

Só

1. Olvassz fel 2 evőkanál vajat egy kis serpenyőben közepes lángon. Adjunk hozzá sertéshúst, és főzzük, időnként megkeverve, amíg meg nem fő, körülbelül 20 percig. Menő.

2. A sertéshúst, a prosciuttót és a mortadellát aprítógépben vagy húsdarálóban nagyon finomra darálják. Helyezze a húst egy tálba. Keverj össze 1 csésze Parmigiano-Reggiano-t, a tojást és a szerecsendiót.

3. Béleljen ki 2 vagy 3 nagy tepsit szöszmentes törülközővel. A törülközőket liszttel megszórjuk.

4. Készítsük el a tésztát. Egyszerre egy elemmel dolgozzon, a többit lefedve.

5. Vágja a tésztát 2 hüvelykes négyzetekre. Minden négyzetre tegyünk körülbelül 1/2 teáskanál tölteléket. A tésztát a töltelékre hajtjuk háromszög alakúra. Nyomja meg erősen a széleket, hogy lezárja őket. Gyorsan dolgozzuk fel, hogy a tészta ne száradjon ki.

6. Kösse össze a háromszög két ellentétes pontját egy kör létrehozásához. Csípje össze a végeit, hogy lezárja. A megformázott tortellinót tepsire helyezzük, miközben a maradék tésztát és a tölteléket ugyanúgy elkészítjük.

7. Hűtőbe tesszük néhány órára vagy egy éjszakára, időnként megforgatva a tortelliniket. (Hosszabb tároláshoz fagyassza le őket egy sütőlapon 1 órára, vagy amíg meg nem szilárdul, majd töltse át nagy teherbírású műanyag zacskókba, és tárolja a fagyasztóban legfeljebb egy hónapig. Főzés előtt ne olvassa ki.)

8. A szósz elkészítéséhez olvasszuk fel a maradék 2 evőkanál vajat a tejszínnel és egy csipet sóval egy akkora serpenyőben, hogy az összes tészta elférjen benne. Forraljuk fel, és főzzük 1 percig, vagy amíg kissé besűrűsödik.

9. Forraljunk fel legalább 4 liter vizet egy nagy fazékban. Adjunk hozzá tortellinit és sót ízlés szerint. Időnként megkeverjük, amíg a víz fel nem forr. Csökkentse a hőt, hogy a víz enyhén felforrjon. 3 percig főzzük, vagy amíg kissé alul nem sül. Jól lecsepegtetjük.

10. Öntsük a tortellinit a serpenyőbe a tejszínnel, és óvatosan keverjük össze. Adjuk hozzá a maradék 1/2 csésze Parmigiano-Reggiano-t, és keverjük újra. Azonnal tálaljuk.

Burgonya tortelli Ragù kolbásszal

Tortelli di Patate al Ragù di Salsiccia

Recept 6-8 adaghoz

A Parmigiano-Reggiano ízesítésű burgonyapürével friss tésztakarikákat töltenek meg Emilia-Romagna déli részén és Észak-Toszkánában. Négyzetek helyett, mint pl<u>Tésztakarikák hústöltelékkel tejszínes szószban</u>recept szerint tésztakarikákkal kezdődnek, majd karikákat formálnak belőle. Egy készlettel tálaljuk<u>Ragu kolbász</u>vagy csak élvezze őket<u>Vaj és zsálya szósz</u>.

    41/2 csésze<u>Ragu kolbász</u>

3 közepes főtt burgonya

2 evőkanál sótlan vaj szobahőmérsékleten

1 csésze reszelt Parmigiano-Reggiano

⅛ teáskanál frissen reszelt szerecsendió

Só és frissen őrölt fekete bors

1 font<u>Friss tojásos tészta</u>, kinyújtjuk és 4 hüvelykes csíkokra vágjuk

1. Készítsük el a ragut. Ezután tegye az egész burgonyát egy fazék hideg vízbe, amíg el nem fedi. Forraljuk fel, és főzzük, amíg a burgonya megpuhul, amikor egy késsel megszúrjuk, körülbelül 20 percig. Szűrjük le és hűtsük le.

2. A burgonyát meghámozzuk, és mosógépben vagy darálóban simára törjük. Keverje hozzá a vajat, 1/2 csésze sajtot, szerecsendiót, valamint ízlés szerint sózzuk és borsozzuk.

3. Két tepsit szórjunk meg liszttel.

4. Készítsük el a tésztát. Vágja fel a tésztát körökre egy 2 hüvelykes kerek sütemény- vagy pogácsaszaggatóval vagy egy kis pohárral. Mindegyik kör egyik oldalára tegyünk egy teáskanál tölteléket. Ujjbegyét mártsuk hideg vízbe, és félig nedvesítsük meg a tésztakört. A tésztát félkör alakúra hajtjuk a töltelékre. Nyomja meg erősen a széleket, hogy lezárja őket. Szedje össze a tészta két sarkát, és szorítsa össze őket. Helyezze a tortellinit az előkészített tepsire. Ismételje meg a maradék tésztával és a töltelékkel.

5. Fedjük le és tegyük hűtőbe, időnként megforgatjuk a darabokat, legfeljebb 3 órán keresztül. (Hosszabb tároláshoz fagyassza le a tésztát egy tepsiben. Tegye nagy teherbírású műanyag

zacskókba. Szorosan zárja le, és fagyasztja le legfeljebb egy hónapig. Főzés előtt ne olvassa ki.)

6. Ha készen áll a tortellini főzésére, forraljon fel legalább 4 liter vizet. Forraljuk fel a szószt. A forrásban lévő vízhez adjuk a tésztát ízlés szerint sóval. Keverjük össze alaposan. Közepes lángon, gyakori kevergetés mellett addig főzzük, amíg a tészta puha, de még szilárd nem lesz.

7. A mártás egy részét a felmelegített tálba öntjük. A tésztát jól leszűrjük, és a tálba tesszük. A tetejére szórjuk a maradék szószt és 1/2 csésze sajtot. Azonnal tálaljuk.

Burgonya Gnocchi

Gnocchi di Patate Ragu o al Sugo-tól

6 adagot készít

A római trattoriák gyakran kínálnak napi ajánlatokat. A csütörtökön általában a krumplis gnocchit szolgálják fel, bár a gnocchit egy nagy vasárnapi vacsorára is elkészítik anyuéknál, amikor az egész család összejön.

A burgonya gnocchi készítése során fontos megjegyezni, hogy óvatosan bánjon vele, és soha ne dolgozza túl a burgonyát azzal, hogy konyhai robotgépbe vagy turmixgépbe helyezi. A burgonya nedvességtartalma határozza meg, hogy mennyi lisztre van szüksége.

Ha nem vagy biztos benne, hogy elég lisztet tettél-e a tésztába, próbáld ki ezt a trükköt, amit egy tapasztalt szakács javasolt nekem. Készíts teszt gnoccót. Nyomjunk ki egy kis darab tésztát, és főzzük egy kis fazék forrásban lévő vízben, amíg fel nem úszik a felszínre, majd főzzük további 30 másodpercig. Kivesszük a vízből és megkóstoljuk. A galuskának meg kell őriznie formáját, nem lehet szivacsos vagy kemény. Ha túl puha, gyúrjunk bele még lisztet. Ha *kemény, valószínűleg már túl sok liszt van benne. Kezdje elölről, vagy próbálja meg egy kicsit tovább főzni a gnocchit.*

4 csésze nápolyi ragú Vagy Friss paradicsomszósz

1 1/2 font sült burgonya

Körülbelül 2 csésze univerzális liszt

1 nagy tojássárgája, felverve

Só

1. Elkészítjük a ragut vagy a szószt. Ezután tegye a burgonyát egy nagy fazék hideg vízbe, hogy ellepje. Fedjük le a serpenyőt, és forraljuk fel. Kb. 20 percig főzzük, amíg a burgonya puha nem lesz, ha egy késsel megszúrjuk. Két nagy tepsit szórjunk meg liszttel.

2. Amíg a burgonya még meleg, hámozzuk meg és vágjuk kockákra. Törjük át a burgonyát a legkisebb lyukon keresztül mosógépben vagy burgonyadarálóban, vagy kézzel burgonyanyomóval. Adjuk hozzá a sárgáját és 2 teáskanál sót. Egy csésze lisztben keverjük össze, amíg össze nem áll. A tészta kemény lesz.

3. A burgonyát lisztezett felületre kaparjuk. Röviden összegyúrjuk, csak annyi lisztet adjunk hozzá, hogy a gnocchi megőrizze

formáját főzés után is, de ne annyira, hogy nehezedjen. A tésztának enyhén ragacsosnak kell lennie.

4. Tegye félre a tésztát. Kaparja le a deszkát, hogy eltávolítsa a maradék tésztát. Mossa meg és szárítsa meg a kezét, majd szórja be liszttel. Egy-két nagyobb tepsit tegyünk ki, és szórjuk meg liszttel.

5. A tortát 8 részre vágjuk. A maradék tésztát letakarva, hosszú, körülbelül 3/4 hüvelyk vastagságú zsinórrá tekerjük. Vágja a kötelet 1/2 hüvelykes darabokra.

6. A tészta formázásához tartsa az egyik kezében a villát úgy, hogy a fogak lefelé nézzenek. A másik keze hüvelykujjával görgessen rá minden tésztadarabot a fogakra, enyhén megnyomva, hogy az egyik oldalon barázdák, a másikon pedig az ujjából bemélyedjenek. Helyezze a gnocchit az előkészített serpenyőkre. A darabok nem érintkezhetnek egymással. Ismételje meg a maradék tésztával.

7. Hűtőbe tesszük a gnocchit főzésig. (A gnocchit le is fagyaszthatjuk. Tegye a tepsit a fagyasztóba egy órára, vagy amíg megszilárdul. Helyezze a gnocchit egy nagy, strapabíró műanyag zacskóba. Fagyassza le legfeljebb egy hónapig. Főzés előtt ne olvassa ki.)

8. Előmelegített lapos tálalóedényt készítünk. Öntsön egy vékony réteg forró mártást a tálba.

9. A gnocchi főzéséhez forraljunk fel egy nagy fazék vizet. Adjunk hozzá 2 evőkanál sót. Csökkentse a hőt, hogy a víz enyhén felforrjon. Csepegtesd a gnocchit a vízbe, egyszerre néhányat. 30 másodpercig főzzük, miután a gnocchi a felszínre úszik. Egy lyukas kanál segítségével kaparjuk ki a gnocchit a serpenyőből, és jól csepegtessük le. Tedd át egy tálba. Ismételje meg a maradék gnocchival.

10. A gnocchit megfordítjuk a szósszal. Öntsük a maradék szószt; megszórjuk sajttal. Melegen tálaljuk.

Burgonya gnocchi bárány ronggyal

Gnocchi Ragù di Agnellóval

Recept 6-8 adaghoz

Ez a recept a közép-olaszországi Abruzzo régióból származik. A szószt általában pasta alla chitarra - házi tojásos tésztával tálalják, amelyet egy speciális eszközzel, úgynevezett gitárral vágnak fel, mert szálakkal felfűzött keret alakú. Egy kiadós gnocchi ételbe is jól bejön.

1 fontBurgonya Gnocchia 7. lépésig

2 evőkanál olívaolaj

1 közepes hagyma, apróra vágva

1 pirospaprika kimagozva és apróra vágva

Egy csipet őrölt pirospaprika

2 gerezd fokhagyma, finomra vágva

1 kiló sovány bárány

1 (28-35 uncia) doboz import olasz paradicsom lével, apróra vágva

1 evőkanál paradicsompüré

1 babérlevél

Só ízlés szerint

½ csésze frissen reszelt Pecorino Romano vagy Parmigiano-Reggiano

1. Készítsd elő a gnocchit. Ezután főzzük az olívaolajat, a hagymát, a kaliforniai paprikát és a pirospaprikát egy nagy serpenyőben, amíg a zöldségek megpuhulnak, körülbelül 10 percig. Adjuk hozzá a fokhagymát és pirítsuk még 1 percig.

2. Keverjük hozzá a bárányhúst, és főzzük 15 percig, időnként megkeverve, hogy a csomók szétesjenek, amíg már nem rózsaszínű lesz. Keverjük össze a paradicsomot, adjuk hozzá a paradicsompürét, a babérlevelet és a sót.

3. Forraljuk fel a szószt, és csökkentsük a hőt alacsonyra. Időnként megkeverve főzzük, amíg a szósz besűrűsödik, körülbelül 1,5 órán keresztül.

4. Forraljon fel legalább 4 liter vizet. Csökkentse a hőt, hogy a víz enyhén felforrjon. Dobj néhány gnocchit a vízbe. 30 másodpercig főzzük, miután a gnocchi a felszínre úszik.

5. Közben kivesszük a babérlevelet a szószból. Tegyen egy vékony réteget egy nagy, felmelegített tálba. Egy lyukas kanál segítségével kaparjuk ki a gnocchit a serpenyőből, és jól csepegtessük le. Adja hozzá őket a tálhoz. Ismételje meg a maradék gnocchival. Ráöntjük a maradék szószt és a sajtot. Melegen tálaljuk.

Sült burgonya gnocchi

Gnocchi Gratinati

6 adagot készít

Piemontban a burgonya gnocchit megszórják sajttal és zsemlemorzsával, és egy hőálló ovális edényben sütik, amelyet rakottnak neveznek. Sütés után a sajt megolvad, a zsemlemorzsa ropogóssá válik. Az étel előre elkészíthető és közvetlenül tálalás előtt megsüthető.

    1 recept<u>Burgonya Gnocchi</u>

2 evőkanál zsemlemorzsa

Só

6 oz Fontina Valle d'Aosta

4 evőkanál sótlan vaj

Frissen őrölt fekete bors

¼ csésze reszelt Parmigiano-Reggiano

Egy csipet fahéj

1. Készítsd elő a gnocchit. Ezután helyezze a rácsot a sütő közepére. Melegítsük elő a sütőt 350° F. Egy 13 x 9 x 2 hüvelykes sütőedényt kivajazunk. Megszórjuk zsemlemorzsával.

2. Forraljunk fel egy nagy fazék vizet. Adjunk hozzá gnocchit és sót ízlés szerint. Időnként megkeverve főzzük 30 másodpercig, miután a gnocchi a felszínre úszik. A gnocchit szűrőkanállal kikaparjuk, és az előkészített tepsibe rétegezzük. Helyezzük rá a Fontina felét, és csorgassuk meg a vaj felével. Megszórjuk borssal. Adjunk hozzá még egy réteg gnocchit, fontinát és vajat. Megszórjuk reszelt sajttal és fahéjjal.

3. Süssük 20 percig, vagy amíg ropogós és világos aranybarna nem lesz. Melegen tálaljuk.

Sorrentói stílusú burgonyás gnocchi

Gnocchi alla Sorrentina

8 adagot készít

Nápoly környékén a burgonya gnocchit gyakran strangolopreti-nek nevezik, ami azt jelenti, hogy "pap fojtogatók", mert egy kapzsi pap, ha ilyen finom házi készítésű ételekkel szembesül, túl sokat eszik és megfullad. Ez a sült étel Sorrento különlegessége.

> Körülbelül 2 csészeMarinara szósz
>
> 1 receptBurgonya Gnocchi

Só

8 uncia friss mozzarella, vékonyra szeletelve

¼ csésze frissen reszelt Pecorino Romano

1. Elkészítjük a szószt és a gnocchit. Ezután helyezze a rácsot a sütő közepére. Melegítsd elő a sütőt 400 °F-ra. Egy 13 x 9 x 2 hüvelykes tepsibe vékony réteg szószt kenünk.

2. Forraljunk fel egy nagy fazék vizet. Sózzuk ízlés szerint. Csökkentse a hőt, hogy a víz enyhén felforrjon. Dobj néhány gnocchit a vízbe. 30 másodpercig főzzük, miután a gnocchi a

felszínre úszik. Egy lyukas kanál segítségével kaparjuk ki a gnocchit a serpenyőből, és jól csepegtessük le. A gnocchit egy tepsibe terítjük. Öntsd hozzá a szósz egy részét. Ismételje meg a maradék gnocchival és a szósszal. Kenjük meg a mozzarellát a gnocchival. Megszórjuk reszelt sajttal.

3. Süssük 30 percig, vagy amíg a szósz elkezd buborékolni. Melegen tálaljuk.

Linguine fokhagymával, olívaolajjal és erős paprikával

Linguine Aglio, Olio és Peperoncino

4-6 adag receptje

A fokhagyma, a gyümölcsös extra szűz olívaolaj, a petrezselyem és a csípős paprika egyszerű fűszerei ennek a legfinomabb tésztának. A teljes ízű olívaolaj elengedhetetlen, csakúgy, mint a friss fokhagyma és a petrezselyem. A fokhagymát lassan főzzük meg, hogy az olajat átitassa erős íze. Ne hagyja, hogy a fokhagyma aranyosabb legyen, különben keserű és csípős lesz. Néhány szakács kihagyja a petrezselymet, de én szeretem a friss ízét.

½ csésze extra szűz olívaolaj

4-6 nagy gerezd fokhagyma, vékonyra szeletelve

½ teáskanál őrölt pirospaprika

⅓ csésze apróra vágott friss lapos petrezselyem

Só

1 font linguine vagy spagetti

1. Öntsük az olajat egy akkora serpenyőbe, hogy elférjen benne a főtt tészta. Adjuk hozzá a fokhagymát és a zúzott pirospaprikát. Főzzük közepes lángon, gyakran kevergetve, amíg a fokhagyma mélyen aranybarna nem lesz, körülbelül 4-5 percig. Belekeverjük a petrezselymet, és lekapcsoljuk a tűzről.

2. Forraljunk fel legalább 4 liter hideg vizet. Adjunk hozzá 2 evőkanál sót, majd a tésztát és addig nyomkodjuk, amíg a tésztát teljesen el nem fedi a víz. Főzzük nagy lángon, gyakran kevergetve, amíg a tészta al dente, puha, de még szilárd nem lesz. Tegyünk félre a főzővíz egy részét. A tésztát lecsepegtetjük, és a szósszal együtt az edénybe tesszük.

3. Közepes lángon addig főzzük, amíg a tésztát jól be nem vonja a szósszal. Adjunk hozzá egy kis főzővizet, ha a tészta száraznak tűnik. Azonnal tálaljuk.

Változás: Adjunk hozzá apróra vágott fekete vagy zöld olajbogyót, kapribogyót vagy szardellat a fokhagymával együtt. Olívaolajban sült zsemlemorzsával vagy reszelt sajttal megszórva tálaljuk.

Spagetti fokhagymával és olajbogyóval

Spagetti al Aglio és olajbogyó

4-6 adag receptje

Ez a gyors tésztaszósz elkészíthető olívabogyóval, amit magad is kimagozhatsz és apróra vághatsz, de az elkészített olívapaszta kényelmesebb. Mivel az olívapaszta és az olajbogyó sós lehet, ne adjunk hozzá reszelt sajtot ehhez az ételhez.

¼ csésze olívaolaj

3 gerezd fokhagyma, vékonyra szeletelve

Egy csipet őrölt pirospaprika

¼ csésze zöld olíva paszta vagy ízlés szerint vagy 1 csésze apróra vágott kimagozott zöld olajbogyó

2 evőkanál apróra vágott friss lapos petrezselyem

Só

1 kiló spagetti vagy linguine

1. Öntsük az olajat egy akkora serpenyőbe, hogy elférjen benne a főtt tészta. Adjuk hozzá a fokhagymát és a zúzott pirospaprikát.

Közepes lángon főzzük, amíg a fokhagyma sötét aranybarna nem lesz, körülbelül 4-5 percig. Keverje össze az olívapasztát vagy az olajbogyót és a petrezselymet, majd vegye le a serpenyőt a tűzről.

2. Forraljunk fel 4 liter vizet egy nagy fazékban. Adjunk hozzá 2 evőkanál sót, majd a tésztát, és óvatosan nyomkodjuk addig, amíg a tésztát teljesen el nem fedi a víz. Főzzük nagy lángon, gyakran kevergetve, amíg a tészta al dente, puha, de még szilárd nem lesz. Tegyünk félre a főzővíz egy részét. A tésztát lecsepegtetjük, és a szósszal együtt az edénybe tesszük.

3. Közepes lángon addig főzzük, amíg a tésztát jól be nem vonja a szósszal. Adjunk hozzá egy kevés forró főzővizet, ha a tészta száraznak tűnik. Azonnal tálaljuk.

Linguine pestoval

Al Pesto nyelv

4-6 adag receptje

Liguriában a pestót úgy készítik, hogy a fokhagymát és a fűszernövényeket mozsárban addig őrlik, amíg sűrű pép nem keletkezik. Különféle bazsalikomokat használnak, amelyek enyhe ízűek, és apró levelei vannak, legfeljebb fél hüvelyk hosszúak. Az általa készített pesto sokkal finomabb, mint az USA-ban kapható bazsalikom alapú pesto. Hogy közelebb hozzam a ligur pesto ízét, petrezselymet teszek bele. A petrezselyem jobban megőrzi színét, mint a bazsalikom, ami felaprítva hajlamos megfeketedni, így a pesto bársonyos zöld lesz. Ha Liguriában utazik, és szeretne kertet tartani, vásároljon egy csomag kis bazsalikommagot, és termessze otthoni kertjében. Nincs tilalom a csomagolt vetőmag Olaszországból történő behozatalára.

1 csésze szorosan csomagolt bazsalikomlevél, leöblítve és szárítva

¼ csésze szorosan csomagolt friss lapos petrezselyem, leöblítve és szárítva

2 evőkanál fenyőmag vagy blansírozott mandula

1 gerezd fokhagyma

Durva szemű só

⅓ csésze extra szűz olívaolaj

1 font linguine

½ csésze reszelt Parmigiano-Reggiano

2 evőkanál sótlan vaj, megpuhult

1. A bazsalikom és a petrezselyemleveleket a fenyőmaggal, a fokhagymával és egy csipet sóval aprítógépben nagyon finomra vágjuk. Fokozatosan, vékony sugárban adjuk hozzá az olívaolajat, és keverjük simára. Kóstolja meg a fűszereket.

2. Forraljunk fel 4 liter vizet egy nagy fazékban. Adjunk hozzá 2 evőkanál sót, majd a tésztát, és óvatosan nyomkodjuk addig, amíg a tésztát teljesen el nem fedi a víz. Keverjük össze alaposan. Főzzük gyakran kevergetve, amíg a tészta al dente, puha, de még szilárd nem lesz. Tegyünk félre a főzővíz egy részét. A tésztát lecsepegtetjük.

3. Helyezze a tésztát egy nagy, felmelegített tálba. Adjuk hozzá a pestot, a sajtot és a vajat. Jól keverjük össze, adjunk hozzá egy kevés tésztavizet, hogy a pesto kihíguljon, ha szükséges. Azonnal tálaljuk.

Vékony spagetti dióval

Spagetti con le Noci

4-6 adag receptje

Ez egy nápolyi recept, amelyet gyakran esznek húsmentes pénteki ételekhez. A diót ehhez a tésztaszószhoz nagyon apróra kell vágni, hogy forgás közben a tésztához tapadjanak a darabok. Vágja fel őket késsel, vagy használjon konyhai robotgépet, de ne alakítsa pépessé.

¼ csésze olívaolaj

3 nagy gerezd fokhagyma enyhén összetörve

1 csésze dió, apróra vágva

Só

1 font spagetti, zsenge linguine vagy cérnametélt

½ csésze frissen reszelt Pecorino Romano

Frissen őrölt fekete bors

2 evőkanál apróra vágott friss lapos petrezselyem

1. Öntsük az olajat egy akkora serpenyőbe, hogy elférjen benne a tészta. Adjuk hozzá a fokhagymát és főzzük közepes lángon, időnként egy kanállal nyomkodjuk meg a fokhagymát, amíg sötét aranybarna nem lesz, körülbelül 3-4 perc alatt. Vegye ki a fokhagymát a serpenyőből. Keverje hozzá a diót, és süsse enyhén barnára, körülbelül 5 percig.

2. Forraljunk fel legalább 4 liter vizet egy nagy fazékban. Adjunk hozzá 2 evőkanál sót, majd a tésztát. Keverjük össze alaposan. Főzzük nagy lángon, gyakran kevergetve, amíg a tészta al dente, puha, de még szilárd nem lesz. A tésztát lecsepegtetjük, a főzővíz egy részét tartalékoljuk.

3. Keverjük össze a tésztát a mogyorószósszal és annyi főzővízzel, hogy nedves maradjon. Adjunk hozzá sajtot és bőven őrölt fekete borsot. Dobd jól. Hozzáadjuk a petrezselymet és azonnal tálaljuk.

Linguine szárított paradicsommal

Linguine Pomodori Secchivel

4-6 adag receptje

Egy üveg ecetes szárított paradicsom a kamrában és néhány váratlan vendég ihlette ezt a gyors tésztaételt. Az olaj, amelybe a legtöbb pácolt szárított paradicsomot csomagolják, általában nem a legjobb minőségű, ezért inkább lecsepegtetem, és a saját extra szűz olívaolajomat adom ehhez az egyszerű szószhoz.

1 üveg (kb. 6 uncia) ecetes szárított paradicsom, lecsepegtetve

1 kis gerezd fokhagyma

¼ csésze extra szűz olívaolaj

1 evőkanál balzsamecet

Só

1 font linguine

6 friss bazsalikomlevél, egymásra rakva és vékony csíkokra vágva

1. A paradicsomot és a fokhagymát aprítógépben vagy turmixgépben összedolgozzuk, és egészen apróra vágjuk. Lassan hozzáadjuk az olajat és az ecetet, és simára keverjük. Kóstolja meg a fűszereket.

2. Forraljunk fel legalább 4 liter vizet egy nagy fazékban. Adjunk hozzá 2 evőkanál sót, majd a tésztát, és óvatosan nyomkodjuk addig, amíg a tésztát teljesen el nem fedi a víz. Keverjük össze alaposan. Főzzük nagy lángon, gyakran kevergetve, amíg a tészta al dente, puha, de még szilárd nem lesz. Tegyünk félre a főzővíz egy részét. A tésztát lecsepegtetjük.

3. Egy nagy tálban dobd össze a tésztát a paradicsomszósszal és a friss bazsalikommal, ha szükséges, adj hozzá egy kevés tésztavizet. Azonnal tálaljuk.

Változás: Adjunk hozzá egy doboz olívaolajon lecsepegtetett tonhalat a tésztához és a szószhoz. Vagy adj hozzá néhány apróra vágott fekete olajbogyót vagy szardella.

Spagetti paprikával, pecorinóval és bazsalikommal

Spagetti pepperonival

4-6 adag receptje

Olaszországban nem számít jó modornak a spagetti, linguine vagy más hosszú tészta evés kanállal és villával, ahogy a szálak rövidre vágása sem. A gyerekeket kiskoruktól kezdve megtanítják, hogyan kell néhány szál tésztát egy villára forgatni, és szépen, csapkodás nélkül elfogyasztani.

Az egyik történet szerint a háromágú villát erre a célra találták fel a 19. század közepén. Addig a tésztát mindig kézzel ették, a villának pedig csak két foga volt, mert főleg húst nyársaltak. II. Ferdinánd nápolyi király felkérte kamaráját, Cesare Spadaccini-t, hogy találjon ki egy módot a hosszú tészta felszolgálására az udvari lakomákon. Spadaccini feltalálta a háromágú villát, a többi pedig már történelem.

A friss csípős chili paprika a calabriai konyhára jellemző. Itt paprikával párosítják és spagettivel tálalják. A Tarte pecorino kellemes sós ellenpontja a paprika és a bazsalikom édességének.

¼ csésze olívaolaj

4 nagy piros paprika, vékony csíkokra vágva

1 vagy 2 kis friss chili kimagozva és apróra vágva, vagy egy csipet őrölt pirospaprika

Só

2 gerezd fokhagyma, vékonyra szeletelve

12 friss bazsalikomlevél vékony csíkokra vágva

1/3 csésze frissen reszelt Pecorino Romano

1 kiló spagetti

1. Egy akkora serpenyőben, hogy elférjen benne a főtt tészta, közepes lángon hevítsük fel az olajat. Adjuk hozzá a paprikát, a chilit és a sót. Időnként megkeverve főzzük 10 percig.

2. Adjuk hozzá a fokhagymát, fedjük le, és főzzük további 10 percig, vagy amíg a paprika nagyon megpuhul. Levesszük a tűzről, és belekeverjük a bazsalikomot.

3. Forraljunk fel legalább 4 liter vizet egy nagy fazékban. Adjunk hozzá 2 evőkanál sót, majd a tésztát, és óvatosan nyomkodjuk addig, amíg a tésztát teljesen el nem fedi a víz. Keverjük össze alaposan. Főzzük gyakran kevergetve, amíg a spagetti al dente, puha, de még szilárd nem lesz. Tegyünk félre a főzővíz egy

részét. A tésztát lecsepegtetjük, és a szósszal együtt az edénybe tesszük.

4. Közepes lángon, folyamatos kevergetés mellett 1 percig főzzük. Jól megforgatjuk, hozzáadjuk a tésztavízből. Adjunk hozzá sajtot és keverjük újra. Azonnal tálaljuk.

Penne cukkinivel, bazsalikommal és tojással

Penne cukkinivel és Uovával

4-6 adag receptje

Az a mítosz, hogy a tésztát Kínában "találta fel" és Marco Polo hozta Olaszországba, továbbra is fennáll. Noha Polo látogatása során Kínában is ettek tésztát, a tészta jól ismert volt Olaszországban már jóval azelőtt, hogy 1279-ben visszatért Velencébe. A régészek olyan rajzokat és konyhai eszközöket találtak, amelyek hasonlítanak a modern tésztakészítő eszközökre, például sodrófa és vágókorongra egy etruszk sírban, amely a Kr.e. 4. századból származik. Rómától északra. A legenda valószínűleg a velencei felfedező hollywoodi ábrázolására vezethető vissza egy Gary Cooper főszereplésével készült, 1930-as években készült filmben.

Ebben a nápolyi receptben a tészta és a zöldségek hője addig főzi a tojásokat, amíg krémesek és enyhén megszilárdulnak.

4 közepes cukkini (kb. 1 1/4 font), megpucolva

1/3 csésze olívaolaj

1 kis hagyma, apróra vágva

Só és frissen őrölt fekete bors

3 nagy tojás

½ csésze frissen reszelt Pecorino Romano vagy Parmigiano-Reggiano

1 kilós tollak

½ csésze apróra vágott friss bazsalikom vagy petrezselyem

1. Vágja a cukkinit 1/4 hüvelyk vastagságú és körülbelül 11,2 hüvelyk hosszú rudakká. Törölje szárazra a darabokat.

2. Öntsük az olajat egy akkora serpenyőbe, hogy elférjen benne a főtt tészta. Adjuk hozzá a hagymát és főzzük közepes lángon, időnként megkeverve, amíg megpuhul, körülbelül 5 percig. Adjunk hozzá cukkinit, és főzzük, időnként megkeverve, amíg enyhén megpirul, körülbelül 10 percig. Ízlés szerint sózzuk, borsozzuk.

3. Egy közepes méretű tálban verjük fel a tojásokat a sajttal és ízlés szerint sózzuk, borsozzuk.

4. Amíg a cukkini fő, egy nagy fazékban felforralunk kb. 4 liter vizet. Adjunk hozzá 2 evőkanál sót és tésztát. Keverjük össze alaposan. Főzzük nagy lángon, gyakran kevergetve, amíg a tészta al dente, puha, de még szilárd nem lesz. Tegyünk félre a főzővíz egy

részét. A tésztát lecsepegtetjük, és a szósszal együtt az edénybe tesszük.

5. A tésztát összekeverjük a tojásos keverékkel. Adjunk hozzá bazsalikomot és jól keverjük össze. Ha a tészta száraznak tűnik, öntsünk hozzá egy kis főzővizet. Adjunk hozzá nagy mennyiségű őrölt borsot, és azonnal tálaljuk.

Tészta borsóval és tojással

Tészta pisellivel

4 adagot készít

Gyerekkoromban anyukám gyakran készítette ezt a régimódi dolgot. Ő konzervborsót használt, de én szeretem a fagyasztottat, mert friss ízű és keményebb az állaga. Hagyományellenesnek tűnhet, ha a spagettit apró darabokra vágják, de ez egy nyom a recept eredetéhez. Amikor az emberek szegények voltak, és sok etetnivaló volt, a hozzávalókat könnyen ki lehetett nyújtani extra víz hozzáadásával és levest főzve belőle.

Ez az egyik olyan készétel, amit bármikor el tudok készíteni, mert ritkán van egy csomag borsó a fagyasztóban, tészta a kamrában és néhány tojás a hűtőben. Mivel a borsó, a tojás és a tészta elég laktató, ezért 4 adagot szoktam készíteni. Adjon hozzá egy kiló tésztát, ha 6-8 adagot szeretne.

¼ csésze olívaolaj

1 nagy vöröshagyma, vékonyra szeletelve

1 (10 uncia) csomag fagyasztott kis borsó, részben felolvasztva

Só és frissen őrölt fekete bors

2 nagy tojás

1/2 csésze reszelt Parmigiano-Reggiano

1/2 font spagetti vagy linguine, 2 hüvelykes darabokra vágva

1. Öntsük az olajat egy akkora serpenyőbe, hogy elférjen benne a tészta. Adjuk hozzá a hagymát és főzzük közepes lángon, időnként megkeverve, amíg a hagyma megpuhul és enyhén megpirul, körülbelül 12 percig. Keverjük össze a borsóval, és főzzük körülbelül 5 percig, amíg a borsó megpuhul. Ízlés szerint sózzuk, borsozzuk.

2. Egy közepes méretű tálban verjük fel a tojásokat a sajttal és ízlés szerint sózzuk, borsozzuk.

3. Forraljunk fel legalább 4 liter vizet egy nagy fazékban. Adjunk hozzá 2 evőkanál sót, majd a tésztát. Keverjük össze alaposan. Főzzük magas lángon, gyakran kevergetve, amíg a tészta megpuhul, de kissé meg nem sül. A tésztát lecsepegtetjük, a főzővíz egy részét tartalékoljuk.

4. Keverjük össze a serpenyőben a tésztát a borsóval. Hozzáadjuk a tojásos keveréket, és lassú tűzön, folyamatos keverés mellett addig főzzük, amíg a tojás enyhén megpuhul, körülbelül 2 percig.

Adjunk hozzá egy kis főzővizet, ha a tészta száraznak tűnik. Azonnal tálaljuk.

Linguine zöldbabbal, paradicsommal és bazsalikommal

Lingune Fagiolinivel

4-6 adag receptje

A ricotta salata a ricotta sózott és préselt formája. Ha nem találja, cserélje ki enyhe, sótlan feta sajttal vagy friss ricottával és reszelt pecorinóval. Ez a tészta Pugliára jellemző.

12 uncia zöldbab, vágva

Só

¼ csésze olívaolaj

1 gerezd fokhagyma, finomra vágva

5 közepes paradicsom meghámozva, kimagozva és apróra vágva (kb. 3 csésze)

Frissen őrölt fekete bors

1 font linguine

½ csésze apróra vágott friss bazsalikom

1 csésze reszelt ricotta saláta, enyhe feta vagy friss ricotta

1. Forraljunk fel körülbelül 4 liter vizet. Adjunk hozzá zöldbabot és sót ízlés szerint. 5 percig vagy ropogósra főzzük. Vágja ki a zöldbabot egy lyukas kanállal vagy szűrővel, és tartsa le a vizet. Szárítsa meg a babot. Vágja a babot 1 hüvelykes darabokra.

2. Öntsük az olajat egy akkora serpenyőbe, hogy elférjen benne a főtt tészta. Adjuk hozzá a fokhagymát, és közepes lángon főzzük enyhén aranysárgára, körülbelül 2 percig.

3. Adjunk hozzá paradicsomot és sózzuk, borsozzuk ízlés szerint. Időnként megkeverve addig főzzük, amíg a paradicsom besűrűsödik és a leve elpárolog. Hozzákeverjük a babot, és további 5 percig főzzük.

4. Közben ismét forraljuk fel a vizet az edényben. Adjunk hozzá 2 evőkanál sót, majd a linguine-t, óvatosan nyomkodjuk, amíg a tésztát teljesen el nem fedi a víz. Főzzük nagy lángon, gyakran kevergetve, amíg a tészta al dente, puha, de még szilárd nem lesz. Tegyünk félre a főzővíz egy részét. A tésztát lecsepegtetjük, és a szósszal együtt az edénybe tesszük.

5. Fordítsa meg a linguine-t és a szószt a serpenyőben. Adjuk hozzá a bazsalikomot és a sajtot, majd közepes lángon keverjük újra, amíg a sajt krémes nem lesz. Azonnal tálaljuk.

Fülek burgonyakrémmel és rukkolával

Orecchiette Crema di Patate-vel

4-6 adag receptje

A vadon termő rukkola Puglia egész területén nő. Ropogós, keskeny, fogazott pengéjű, kellemes diós ízű. A leveleket nyersen és főzve is fogyasztják, gyakran tésztával együtt. A burgonya keményítőben gazdag, de Olaszországban csak egy másik zöldségnek tekintik, így nem kell tészta mellé tálalni, különösen Pugliában. A burgonyát puhára főzzük, majd forrásban lévő vízzel krémesre törjük.

2 közepesen főtt burgonya, körülbelül 12 uncia

Só

¼ csésze olívaolaj

1 gerezd fokhagyma, finomra vágva

1 font orecchiette vagy kagyló

2 csokor rukkola (körülbelül 8 uncia), kemény szárait eltávolítjuk, leöblítjük és szárítjuk

Só és frissen őrölt fekete bors

1. A burgonyát meghámozzuk, és egy kis lábasba tesszük, ízlés szerint sóval és hideg vízzel, hogy ellepje. Forraljuk fel a vizet, és főzzük a burgonyát puhára, amikor éles késsel megszúrjuk, körülbelül 20 percig. A burgonyát lecsepegtetjük, a vizet tartalékoljuk.

2. Öntsük az olajat egy közepes serpenyőbe. Adjuk hozzá a fokhagymát, és közepes lángon főzzük, amíg a fokhagyma aranybarna nem lesz, körülbelül 2 percig. Vegyük le a tűzről. Adjuk hozzá a burgonyát, és pépesítsük jól pépesítővel vagy villával, keverjünk hozzá körülbelül egy csésze vizet, hogy vékony "krémet" kapjunk. Ízlés szerint sózzuk, borsozzuk.

3. Forraljunk fel 4 liter vizet. Adjunk hozzá 2 evőkanál sót, majd a tésztát. Keverjük össze alaposan. Főzzük nagy lángon, gyakran kevergetve, amíg a tészta al dente, puha, de még szilárd nem lesz. Adjunk hozzá rukkolát, és keverjük össze egyszer. A tésztát és a rukkolát lecsepegtetjük.

4. Tegyük vissza a tésztát és a rukkolát az edénybe, és adjuk hozzá a burgonyapürét. Főzzük és keverjük alacsony lángon, ha szükséges, adjunk hozzá még egy kis burgonya vizet. Azonnal tálaljuk.

Tészta és burgonya

Tészta és burgonya

6 adagot készít

Akárcsak a babos vagy lencsés tészta, a tészta és a burgonya tökéletes példája a la cucina povera-nak, a dél-olasz módszernek, amikor néhány szerény hozzávalóból finom ételeket készítenek. Amikor az idők nagyon szegények voltak, és sok volt az etetés, akkor szokás volt plusz vizet adni, általában a zöldségfőzés vagy a tésztafőzés során visszamaradt folyadékot, és ezeket a tésztákat levessé nyújtani, hogy tovább menjen.

¼ csésze olívaolaj

1 közepes sárgarépa, apróra vágva

1 közepes tarja zeller, apróra vágva

1 közepes vöröshagyma, apróra vágva

2 gerezd fokhagyma, finomra vágva

2 evőkanál apróra vágott friss lapos petrezselyem

3 evőkanál paradicsompüré

Só és frissen őrölt fekete bors

1 1/2 kiló főtt burgonya, meghámozva és apróra vágva

1 font tubetti vagy kis kagyló

1/2 csésze frissen reszelt Pecorino Romano vagy Parmigiano-Reggiano

1. Öntsük az olajat egy nagy serpenyőbe, és adjuk hozzá az apróra vágott hozzávalókat a burgonya kivételével. Közepes lángon, időnként megkeverve főzzük puhára és aranybarnára, körülbelül 15-20 percig.

2. Keverjük össze a paradicsompürét és ízlés szerint sózzuk, borsozzuk. Adjunk hozzá burgonyát és 4 liter vizet. Forraljuk fel, és főzzük, amíg a burgonya nagyon megpuhul, körülbelül 30 percig. A burgonya egy részét egy kanál hátával pépesítjük.

3. Forraljunk fel körülbelül 4 liter vizet egy nagy fazékban. Adjunk hozzá 2 evőkanál sót, majd a tésztát. Keverjük össze alaposan. Főzzük gyakran kevergetve, amíg a tészta al dente, puha, de még szilárd nem lesz. Tegyünk félre a főzővíz egy részét. A tésztát a burgonyás keverékhez keverjük. Ha szükséges, adjunk hozzá egy kevés főzővizet, de a keveréknek elég sűrűnek kell lennie. Összekeverjük sajttal és azonnal tálaljuk.

Kagyló karfiollal és sajttal

Conchiglie al Cavolfiore

6 adagot készít

A sokoldalú karfiol számos tésztaétel sztárja Dél-Olaszországban. Szicíliában helyi lila karfiollal készítettük ezt az egyszerű ételt.

½ csésze olívaolaj

1 közepes hagyma, apróra vágva

1 közepes karfiol, megtisztítva és kis rózsákra vágva

Só

2 evőkanál apróra vágott friss lapos petrezselyem

Frissen őrölt fekete bors

1 font kagyló

¾ csésze frissen reszelt Pecorino Romano

1. Öntsük az olajat egy akkora serpenyőbe, hogy elférjen benne a főtt tészta. Adjuk hozzá a hagymát és pirítsuk közepes lángon 5 percig. Adjunk hozzá karfiolt és sót ízlés szerint. Fedjük le és főzzük 15 percig, vagy amíg a karfiol megpuhul. Keverje hozzá a petrezselymet és a fekete borsot ízlés szerint.

2. Forraljunk fel legalább 4 liter vizet egy nagy fazékban. Adjunk hozzá 2 evőkanál sót, majd a tésztát. Keverjük össze alaposan. Főzzük nagy lángon, gyakran kevergetve, amíg a tészta al dente, puha, de még szilárd nem lesz. A tésztát lecsepegtetjük, a főzővíz egy részét tartalékoljuk.

3. Adjuk hozzá a tésztát a serpenyőbe a karfiollal, és közepes lángon jól keverjük össze. Adjunk hozzá egy kis főzővizet, ha szükséges. Adjuk hozzá a sajtot, és keverjük újra bőven őrölt fekete borssal. Azonnal tálaljuk.

Tészta karfiollal, sáfránnyal és ribizlivel

Arriminati tészta

6 adagot készít

A szicíliai karfiolfajták a lila-fehértől a borsózöldig terjednek, és frissen szedett ősszel és télen csodálatos ízűek. Ez a tészta és a karfiol szicíliai kombinációinak egyike. A sáfrány aranysárga színt és finom ízt ad, míg a ribizli és a szardella édességet és sósságot ad. Hab a tortán a pirított zsemlemorzsa finom ropogást biztosít.

1 teáskanál sáfrány szál

2/3 csésze ribizli vagy sötét mazsola

Só

1 nagy karfiol (kb. 2 kiló), megtisztítva és rózsákra vágva

1/3 csésze olívaolaj

1 közepes hagyma, apróra vágva

6 szardella filé lecsepegtetve és apróra vágva

Frissen őrölt fekete bors

⅓ csésze fenyőmag, enyhén pirítva

1 font penne vagy kagyló

¼ csésze pirított sima zsemlemorzsa

1. Egy kis tálban meglocsoljuk a sáfrányszálakat 2 evőkanál meleg vízzel. Helyezze a ribizlit egy másik tál forró vízbe, hogy ellepje. Mindkettőt tegyük félre körülbelül 10 percre.

2. Forraljunk fel legalább 4 liter vizet egy nagy fazékban. Adjunk hozzá 2 evőkanál sót és karfiolt. Időnként megkeverve addig főzzük, amíg a karfiol késsel megszúrva nagyon megpuhul, körülbelül 10 percig. Vágjuk ki a karfiolt egy lyukas kanállal, a vizet a tészta főzéséhez tartsuk fenn.

3. Öntsük az olajat egy akkora serpenyőbe, hogy elférjen benne a főtt tészta. Adjuk hozzá a hagymát és főzzük közepes lángon 10 percig. Adjuk hozzá a szardellat, és főzzük további 2 percig, rendszeres keverés mellett, amíg fel nem oldódnak. A sáfrányt és az áztatófolyadékot összekeverjük, a ribizlit lecsepegtetjük és az edénybe tesszük.

4. Hozzáadjuk a megfőtt karfiolt, felöntjük a főzővízből, és a karfiollal együtt a fazékba tesszük. 10 percig főzzük, a karfiolt

egy kanállal apróra törjük. Sózzuk, borsozzuk ízlés szerint. Belekeverjük a fenyőmagot.

5. Amíg a karfiol fő, a forrásban lévő vizet felforraljuk. Adjuk hozzá a tésztát és jól keverjük össze. Főzzük nagy lángon, gyakran kevergetve, amíg a tészta al dente, puha, de még szilárd nem lesz. Tegyünk félre a főzővíz egy részét. A tésztát lecsepegtetjük, majd a karfiol keverékkel a fazékba tesszük. Jól keverjük össze, és adjunk hozzá egy kevés főzővizet, ha a tészta száraznak tűnik.

6. A tésztát pirított zsemlemorzsával megszórva tálaljuk.

Íjak articsókkal és borsóval

Farfalle Carciofival

4-6 adag receptje

Bár sok olasz üdülőhely zárva tart a téli hónapokban, a legtöbb húsvétkor újra kinyit. Ez volt a helyzet Portofinóban abban az évben, amikor ott voltam, bár az időjárás esős és hideg volt. Végül kitisztult az ég, kisütött a nap, és a férjemmel együtt ebédelhettünk szállodánk tengerre néző teraszán.

Ezzel a tésztával kezdtük, majd az egész halat olajbogyóval sütve. A desszert citromos torta volt. Tökéletes húsvéti vacsora volt.

Ha nincs bébi articsóka, cserélje ki nagyobb, kockára vágott articsókára.

1 kiló baba articsóka

2 evőkanál olívaolaj

1 kis hagyma, apróra vágva

1 gerezd fokhagyma, finomra vágva

Só és frissen őrölt fekete bors

2 csésze friss borsó vagy 1 (10 uncia) csomag fagyasztva

½ csésze apróra vágott friss bazsalikom vagy petrezselyem

1 font farfalle

½ csésze reszelt Parmigiano-Reggiano

1. Egy nagy késsel vágja le az articsóka felső 1 hüvelyk részét. Jól öblítse le őket hideg víz alatt. Hajoljon hátra, és vágja le a kis leveleket az alap körül. Olló segítségével vágja le a megmaradt levelek hegyes tetejét. Távolítsa el a kemény külső bőrt a szárakról és az alap körül. Az articsókát félbevágjuk. Egy kis, lekerekített hegyű késsel kaparja le a közepén lévő homályos leveleket. Az articsókát vékony szeletekre vágjuk.

2. Öntsön olívaolajat egy akkora serpenyőbe, hogy elférjen benne a főtt tészta. Adjuk hozzá a hagymát és a fokhagymát, és időnként megkeverve főzzük közepes lángon 10 percig. Adjunk hozzá articsókát és 2 evőkanál vizet. Sózzuk, borsozzuk ízlés szerint. Főzzük 10 percig, vagy amíg az articsóka megpuhul.

3. Hozzákeverjük a borsót, és 5 percig főzzük, vagy amíg a borsó megpuhul. Levesszük a tűzről, és belekeverjük a bazsalikomot.

4. Forraljon fel legalább 4 liter vizet. Adjunk hozzá 2 evőkanál sót, majd a tésztát. Keverjük össze alaposan. Főzzük gyakran

kevergetve, amíg a tészta al dente, puha, de még szilárd nem lesz. Tegyünk félre a főzővíz egy részét. A tésztát lecsepegtetjük.

5. A tésztát összekeverjük az articsóka szósszal és szükség esetén kevés főzővízzel. Adjunk hozzá egy kevés extra szűz olívaolajat, és keverjük újra. Megszórjuk sajttal és azonnal tálaljuk.

Fettuccine articsókkal és vargányával

Fettuccine Carciofival és Porcinivel

4-6 adag receptje

Az articsóka és a vargánya szokatlan kombinációnak tűnhet, de nem Liguriában, ahol ezt a tésztát ettem. Mivel ez az étel nagyon ízletes, nem szükséges reszelt sajt, különösen, ha valami jó extra szűz olívaolajjal fejezzük be.

1 uncia szárított vargánya gomba

1 csésze meleg víz

1 kiló articsóka

¼ csésze olívaolaj

1 kisebb hagyma, apróra vágva

1 gerezd fokhagyma, nagyon apróra vágva

2 evőkanál apróra vágott friss lapos petrezselyem

1 csésze hámozott, kimagozott és apróra vágott friss paradicsom vagy lecsepegtetett és apróra vágott konzerv importált olasz paradicsom

Só és frissen őrölt fekete bors

1 font szárított fettuccine

Extra szűz olívaolaj

1.Tegye a gombát vízbe, és hagyja ázni 30 percig. Vegyük ki a gombát a vízből, a folyadékot tartsuk le. Öblítse le a gombát hideg folyóvíz alatt, hogy eltávolítsa a szennyeződéseket, különös figyelmet fordítva a szárak végére, ahol felhalmozódik a talaj. A gombát durvára vágjuk. A gombás folyadékot egy tálba szűrjük. Félretesz.

2.Egy nagy késsel vágja le az articsóka felső 1 hüvelyk részét. Jól öblítse le őket hideg víz alatt. Hajoljon hátra, és vágja le a kis leveleket az alap körül. Olló segítségével vágja le a megmaradt levelek hegyes tetejét. Távolítsa el a kemény külső bőrt a szárakról és az alap körül. Az articsókát félbevágjuk. Egy kis késsel kaparja le a közepén lévő homályos leveleket. Az articsókát vékony szeletekre vágjuk.

3.Öntsük az olajat egy akkora serpenyőbe, hogy elférjen benne a főtt tészta. Adjuk hozzá a hagymát, a gombát, a petrezselymet és a fokhagymát, és főzzük közepes lángon 10 percig. Keverjük össze articsókával, paradicsommal és ízlés szerint sózzuk, borsozzuk. 10 percig főzzük. Adjuk hozzá a gombás folyadékot, és főzzük további 10 percig, vagy amíg az articsóka megpuhul, ha késsel teszteljük.

4. Forraljunk fel 4 liter vizet egy nagy fazékban. Adjunk hozzá 2 evőkanál sót, majd a tésztát. Keverjük össze alaposan. Főzzük nagy lángon, gyakran kevergetve, amíg a tészta al dente, puha, de még szilárd nem lesz. Tegyünk félre a főzővíz egy részét. A tésztát lecsepegtetjük.

5. A tésztát összekeverjük a szósszal és esetleg kevés főzővízzel. Meglocsoljuk extra szűz olívaolajjal és azonnal tálaljuk.

Rigatoni padlizsán Ragùval

Rigatoni Ragù di Melanzane-ból

4-6 adag receptje

A ragú elkészítéséhez általában húst adnak a paradicsomszószhoz, de ez a Basilicata vegetáriánus változata padlizsánt használ, mert hasonlóan gazdag és ízes.

Rigaa tésztaforma nevében, például a rigatoni vagy a penne rigate azt jelzi, hogy vannak élei, amelyek megfogják a szószt. A Rigatoni nagy, hullámos tésztacsövek. Vastagságuk és nagy formájuk sűrű összetevőkkel egészíti ki a tömör kendőket.

¼ csésze olívaolaj

¼ csésze apróra vágott medvehagyma

4 csésze apróra vágott padlizsán

½ csésze apróra vágott pirospaprika

½ csésze száraz fehérbor

1½ font szilvaparadicsom meghámozva, kimagozva és apróra vágva, vagy 2 csésze importált olasz paradicsomkonzerv lével

Egy szál friss kakukkfű

Só

Frissen őrölt fekete bors

1 font rigatoni, penne vagy farfalle

Extra szűz olívaolaj, csepegtetéshez

1.Öntsük az olajat egy nagy, nehéz serpenyőbe. Hozzáadjuk a medvehagymát, és közepes lángon 1 percig pirítjuk. Adjuk hozzá a padlizsánt és a pirospaprikát. Főzzük gyakran kevergetve, amíg a zöldségek megfonnyadnak, körülbelül 10 percig.

2.Hozzáadjuk a bort, és 1 percig főzzük, amíg elpárolog.

3.Adjunk hozzá paradicsomot, kakukkfüvet, sót és borsot ízlés szerint. Csökkentse a hőt alacsonyra. Időnként megkeverve főzzük 40 percig, vagy amíg a szósz besűrűsödik és a zöldségek nagyon megpuhulnak. Ha a keverék túl száraz lesz, keverjünk hozzá egy kevés vizet, majd távolítsuk el a kakukkfüvet.

4.Forraljunk fel legalább 4 liter vizet egy nagy fazékban. Adjunk hozzá 2 evőkanál sót, majd a tésztát. Keverjük össze alaposan. Főzzük nagy lángon, gyakran kevergetve, amíg a tészta al dente, puha, de még szilárd nem lesz. Tegyünk félre a főzővíz egy részét. A tésztát leszűrjük, és meleg tálba tesszük.

5. Öntsük hozzá a szószt, és ha szükséges, adjunk hozzá egy kis főzővizet, jól keverjük össze. Meglocsoljuk egy kevés extra szűz olívaolajjal és újra összekeverjük. Azonnal tálaljuk.

Szicíliai spagetti padlizsánnal

Spagetti alla Norma

4-6 adag receptje

Alapértelmezetta *címe egy gyönyörű opera, amelyet a szicíliai Vincenzo Bellini komponált. Ez a padlizsánból készült tészta – Szicíliában kedvelt zöldség – az opera után kapta a nevét.*

A ricotta salata a ricotta préselt formája, amelyet asztali sajtnak szeletelve vagy tésztára reszelve jó. Van füstölt változata is, ami kifejezetten finom, bár Szicílián kívül még nem láttam. Ha nem találja a ricotta salátát, cserélje ki fetára, ami nagyon hasonló, vagy használjon Pecorino Romanót.

1 közepes padlizsán, vágva és 1/4 hüvelyk vastag szeletekre szeletelve

Só

Olívaolaj a sütéshez

2 gerezd fokhagyma, enyhén összetörve

Egy csipet őrölt pirospaprika

3 font érett szilvaparadicsom, meghámozva, kimagozva és apróra vágva, vagy 1 (28 uncia) konzerv importált olasz paradicsom, meghámozva, lecsepegve és apróra vágva

6 levél friss bazsalikom

1 kiló spagetti

1 csésze reszelt ricotta saláta vagy Pecorino Romano

1. A padlizsánszeleteket szűrőedénybe helyezzük egy tányérra, és mindegyik réteget megszórjuk sóval. Hagyja hatni 30-60 percig. Öblítse le a padlizsánt, és törölje szárazra konyharuhával.

2. Öntsön körülbelül 1/2 hüvelyk olajat egy mély, nehéz serpenyőbe. Közepes lángon hevítsd fel az olajat, amíg egy kis padlizsándarabka sercegni nem kezd, amikor a serpenyőbe teszed. A padlizsánszeleteket egyenként süssük aranybarnára mindkét oldalukon. Konyhai papíron leszűrjük.

3. Öntsön 3 evőkanál olajat egy közepes edénybe. Adjuk hozzá a fokhagymát és a zúzott pirospaprikát, és közepes lángon főzzük, amíg a fokhagyma mély aranybarna nem lesz, körülbelül 4 percig. Távolítsa el a fokhagymát. Adjunk hozzá paradicsomot és sót ízlés szerint. Csökkentse a hőt alacsonyra, és párolja 20-30

percig, vagy amíg a szósz besűrűsödik. Adjunk hozzá bazsalikomot, és kapcsoljuk le a hőt.

4. Forraljunk fel legalább 4 liter vizet egy nagy fazékban. Adjunk hozzá 2 evőkanál sót, majd a tésztát. Keverjük össze alaposan. Főzzük nagy lángon, gyakran kevergetve, amíg a tészta al dente, puha, de még szilárd nem lesz. Tegyünk félre a főzővíz egy részét. A tésztát lecsepegtetjük.

5. Tegye át a tésztát és a szószt egy meleg tálba, ha szükséges, adjon hozzá egy kis főzővizet. Adjunk hozzá sajtot és keverjük újra. Díszítsük padlizsánszeletekkel, és azonnal tálaljuk.

Meghajlik brokkolival, paradicsommal, fenyőmaggal és mazsolával

Farfalle alla Siciliana

4-6 adag receptje

A fenyőmag kellemesen ropogós, a mazsola pedig édesebbé teszi ezt a finom szicíliai tésztát. A brokkolit ugyanabban az edényben főzzük, mint a tésztát, így az ízei igazán összeérnek. Ha a szilvafajta helyett találunk nagy kerek paradicsomot, akkor helyettesíthetjük velük, bár a szósz hígabb lesz, és lehet, hogy egy kicsit több időre lesz szüksége a főzéshez.

⅓ csésze olívaolaj

2 gerezd fokhagyma, finomra vágva

Egy csipet őrölt pirospaprika

2 1/2 font friss szilvaparadicsom (kb. 15), meghámozva, kimagozva és apróra vágva

Só és frissen őrölt fekete bors

2 evőkanál mazsola

Só és frissen őrölt fekete bors

1 font cavatelli

1 font forrásban lévő burgonya, meghámozva és 1/2 hüvelykes darabokra vágva

1. Tölts meg egy mosogatót vagy egy nagy tálat hideg vízzel. Hozzáadjuk a zöldségeket, és megforgatjuk a vízben. Tegye át a zöldségeket egy szűrőedénybe, cserélje ki a vizet, majd ismételje meg legalább kétszer, hogy eltávolítsa a homoknyomokat.

2. Forraljunk fel egy nagy fazék vizet. Adjunk hozzá zöldeket és sót ízlés szerint. Főzzük, amíg a zöldségek megpuhulnak, 5-10 percig, a használt fajtától függően. A zöldségeket lecsepegtetjük, és hideg folyóvíz alatt hagyjuk kissé kihűlni. A zöldségeket falatnyi kockákra vágjuk.

3. Öntsük az olajat egy akkora serpenyőbe, hogy elférjen benne a főtt tészta. Adjuk hozzá a fokhagymát és a zúzott pirospaprikát. Közepes lángon főzzük, amíg a fokhagyma aranybarna nem lesz, 2 percig. Adjuk hozzá a zöldeket és egy csipet sót. Kevergetve főzzük, amíg a zöldségek meg nem vonják az olajat, körülbelül 5 percig.

4. Forraljunk fel legalább 4 liter vizet egy nagy fazékban. Adjunk hozzá 2 evőkanál sót, majd a tésztát. Időnként megkeverve főzzük, amíg a víz fel nem forr. Adjuk hozzá a burgonyát, és főzzük addig, amíg a tészta al dente, puha, de még szilárd nem lesz. Tegyünk félre a főzővíz egy részét. A tésztát lecsepegtetjük.

5. Adjuk hozzá a tésztát és a burgonyát a zöldségekhez, és jól keverjük össze. Adjunk hozzá egy kis főzővizet, ha a tészta száraznak tűnik. Azonnal tálaljuk.

Linguini cukkinivel

Linguine Cukkinivel

4-6 adag receptje

Álljon ellen a kísértésnek, hogy egy kis vagy közepes méretű cukkini kivételével bármit vásároljon, és ne köszönje meg kertészbarátait, akik kétségbeesetten kínálnak egy tacskó méretű sütőtököt. Az óriáscukkinik vizesek, pépesek és íztelenek, de egy hot dog hosszúságúak, és nem vastagabbak egy knockwurst-nál, lágyak és finomak.

Ebben a receptben különösen szeretem a Pecorino Romanót – egy éles és csípős juhtej sajtot Dél-Olaszországból.

6 kis zöld vagy sárga cukkini (kb. 2 font)

⅓ csésze olívaolaj

3 gerezd fokhagyma, finomra vágva

Só és frissen őrölt fekete bors

¼ csésze apróra vágott friss bazsalikom

2 evőkanál apróra vágott friss lapos petrezselyem

1 evőkanál apróra vágott friss kakukkfű

1 font linguine

½ csésze frissen reszelt Pecorino Romano

1. A cukkinit hideg víz alatt megmossuk. Vágja le a végeket. Hosszában negyedekre, majd szeletekre vágjuk.

2. Egy akkora serpenyőben, hogy elférjen benne a tészta, közepes lángon hevítsük fel az olajat. Adjuk hozzá a cukkinit, és időnként megkeverve főzzük, amíg enyhén meg nem pirul és megpuhul, körülbelül 10 percig. Toljuk a cukkinit a serpenyő oldalára, és adjuk hozzá a fokhagymát, sózzuk, borsozzuk. 2 percig főzzük. Adjuk hozzá a fűszernövényeket, keverjük vissza a cukkinit a fűszerekhez, majd vegyük le a tűzről.

3. Amíg a cukkini fő, egy nagy fazékban felforralunk 4 liter vizet. Adjunk hozzá 2 evőkanál sót, majd a tésztát. Keverjük össze alaposan. Főzzük nagy lángon, gyakran kevergetve, amíg a tészta al dente, puha, de még szilárd nem lesz. Tegyünk félre a főzővíz egy részét.

4. A tésztát lecsepegtetjük. Helyezzük a tésztát a serpenyőbe a cukkinivel. Jól keverjük össze, ha szükséges, adjunk hozzá egy

kis főzővizet. Adjunk hozzá sajtot és keverjük újra. Azonnal tálaljuk.

Penne grillezett zöldségekkel

Pasta con Verdure alla Griglia

4-6 adag receptje

Bár általában a padlizsánon hagyom a bőrt, a grillezés keménysé teszi a bőrt, ezért a grill meggyújtása előtt meghámozom. Ha a padlizsán nem friss, főzés előtt sózhatja, hogy csökkentse a zöldségek érésekor kialakuló keserűséget. Ehhez hámozzuk meg és vágjuk fel a padlizsánt, majd tegyük a szeleteket egy szűrőedénybe, és minden réteget szórjunk meg durva sóval. Tegye félre 30-60 percig, hogy eltávolítsa a folyadékot. Mossa le a sót, szárítsa meg és főzze meg az utasítás szerint.

2 font szilvaparadicsom (kb. 12)

olivaolaj

1 közepes padlizsán, meghámozva és vastag szeletekre vágva

2 közepes vörös vagy fehér édes hagyma, durvára vágva

Só és frissen őrölt fekete bors

2 gerezd fokhagyma, nagyon apróra vágva

12 levél friss bazsalikom apróra tépve

1 kilós tollak

½ csésze frissen reszelt Pecorino Romano

1. Helyezze a grillt vagy a brojlerrácsot körülbelül 4 hüvelykre a hőforrástól. Melegítse elő a grillt vagy a brojlert. Helyezze a paradicsomot a grillre. Főzzük gyakran fogóval forgatva, amíg a paradicsom megpuhul, a héja pedig kissé elszenesedett és laza lesz. Távolítsa el a paradicsomot. A padlizsán- és hagymaszeleteket megkenjük olívaolajjal, megszórjuk sóval, borssal. Grillsütjük, amíg a zöldségek megpuhulnak és megpirulnak, de nem feketednek meg, oldalanként körülbelül 5 percig.

2. Távolítsa el a héját a paradicsomról, és vágja le a szárak végét. A paradicsomot egy nagy tálba tesszük, és villával jól összetörjük. Keverje össze a fokhagymát, a bazsalikomot, ¼ csésze olajat és ízlés szerint sót és borsot.

3. A padlizsánt és a hagymát vékony csíkokra vágjuk, és a paradicsomhoz adjuk.

4. Forraljunk fel legalább 4 liter vizet egy nagy fazékban. Adjunk hozzá 2 evőkanál sót, majd a tésztát. Keverjük össze alaposan. Főzzük nagy lángon, gyakran kevergetve, amíg a tészta al dente,

puha, de még szilárd nem lesz. A főzőfolyadék egy részét félretesszük.

5. A tésztát lecsepegtetjük. Egy nagy tálban keverjük össze a tésztát a zöldségekkel. Adjunk hozzá egy kis főzővizet, ha a tészta száraznak tűnik. Adjunk hozzá sajtot és azonnal tálaljuk.

Penne gombával, fokhagymával és rozmaringgal

Penne con Funghi

4-6 adag receptje

Ebben a receptben bármilyen típusú gombát használhat, például osztrigát, shiitake-t, creminit vagy a szokásos fehér fajtát. A kombináció különösen jó. Ha valóban vadon termő gombái vannak, mint például a morzsa, alaposan tisztítsa meg őket, mert nagyon kavicsosak lehetnek.

¼ csésze olívaolaj

1 kiló gomba, vékonyra szeletelve

2 nagy gerezd fokhagyma, apróra vágva

2 teáskanál nagyon apróra vágott friss rozmaring

Só és frissen őrölt fekete bors

1 font penne vagy farfalle

2 evőkanál sótlan vaj

2 evőkanál apróra vágott friss petrezselyem

1. Egy akkora serpenyőben, hogy elférjen benne a tészta, közepes lángon hevítsük fel az olajat. Adjuk hozzá a gombát, a fokhagymát és a rozmaringot. Főzzük, gyakran kevergetve, amíg a gombák el nem kezdik kiengedni a folyadékot, körülbelül 10 percig. Sózzuk, borsozzuk ízlés szerint. Főzzük gyakran kevergetve, amíg a gomba enyhén megpirul, körülbelül 5 percig.

2. Forraljunk fel legalább 4 liter vizet egy nagy fazékban. Adjunk hozzá 2 evőkanál sót, majd a tésztát. Keverjük össze alaposan. Főzzük nagy lángon, gyakran kevergetve, amíg a tészta al dente, puha, de még szilárd nem lesz. Tegyünk félre a főzővíz egy részét.

3. A tésztát lecsepegtetjük. Tegye a tésztát a serpenyőbe a gombával, vajjal és petrezselyemmel. Adjunk hozzá egy kis főzővizet, ha a tészta száraznak tűnik. Azonnal tálaljuk.

Linguine céklával és fokhagymával

Linguine Barbabietollal

4-6 adag receptje

A tészta és a cékla szokatlan kombinációnak tűnhet, de mióta kipróbáltam egy Emilia-Romagna tengerparti kisvárosban, ez a kedvencem. Nem csak finom, de az egyik legszebb tésztaétel, amit ismerek. Mindenki el lesz ragadtatva csodálatos színétől. Tegye ezt nyár végén és kora ősszel, amikor a friss cékla a legédesebb.

8 közepes répa, szeletelve

⅓ csésze olívaolaj

3 gerezd fokhagyma, finomra vágva

Késsel tört pirospaprika vagy ízlés szerint

Só

1 font linguine

1. Helyezze a rácsot a sütő közepére. Melegítsük elő a sütőt 450 °F-ra. Dörzsölje meg a céklát, és csomagolja be egy nagy darab alumíniumfóliába, amely szorosan záródik. Helyezze a csomagot egy tepsire. Süssük 45-75 percig, mérettől függően, vagy amíg a

cékla megpuhul, ha éles késsel megszúrjuk. A céklát fóliában hagyjuk kihűlni. Hámozzuk meg és vágjuk fel a céklát.

2. Öntsük az olajat egy akkora serpenyőbe, hogy elférjen benne a főtt tészta. Adjuk hozzá a fokhagymát és a zúzott pirospaprikát. Közepes lángon főzzük, amíg a fokhagyma aranybarna nem lesz, körülbelül 2 percig. Adjuk hozzá a céklát, és keverjük össze az olajkeverékkel, amíg át nem melegszik.

3. Forraljunk fel legalább 4 liter vizet egy nagy fazékban. Adjunk hozzá 2 evőkanál sót, majd a tésztát. Keverjük össze alaposan. Főzzük nagy lángon, gyakran kevergetve, amíg a tészta al dente, puha, de még szilárd nem lesz.

4. A tésztát lecsepegtetjük, a főzővíz egy részét tartalékoljuk. Öntsük a linguine-t a serpenyőbe a céklával. Adjunk hozzá a főzővíz egy részét, és közepes lángon, villával és kanállal kevergetve főzzük egyenletes színig, körülbelül 2 percig. Azonnal tálaljuk.

Cékla és zöld íjak

Farfalle Barbabietollal

4-6 adag receptje

Ez egy variáció_Linguine céklával és fokhagymával_céklát és fehérrépát egyaránt tartalmazó recept. Ha a répa teteje ernyedtnek vagy barnának tűnik, cserélje ki egy kiló friss spenóttal, mángolddal vagy más zöldekkel.

1 csokor friss cékla tetejével (4-5 cékla)

⅓ csésze olívaolaj

2 nagy gerezd fokhagyma, apróra vágva

Só és frissen őrölt fekete bors

1 font farfalle

4 uncia ricotta saláta, felaprítva

1. Helyezze a rácsot a sütő közepére. Melegítsük elő a sütőt 450 ° F. Vágja fel a céklát és tegye félre. Dörzsölje meg a céklát, és csomagolja be egy nagy darab alufóliába, amely szorosan záródik. Helyezze a csomagot egy tepsire. Süssük 45-75 percig, mérettől függően, vagy amíg a cékla megpuhul, ha éles késsel megszúrjuk. A céklát fóliában hagyjuk kihűlni. Hajtsa ki a fóliát, pucolja meg és vágja fel a céklát.

2. A zöldségeket alaposan megmossuk, a kemény szárukat eltávolítjuk. Forraljunk fel egy nagy fazék vizet. Adjunk hozzá zöldeket és sót ízlés szerint. Főzzük 5 percig, vagy amíg a zöldségek majdnem megpuhulnak. A zöldségeket leszűrjük és folyó víz alatt lehűtjük. A zöldeket durvára vágjuk.

3. Öntse az olajat egy akkora serpenyőbe, hogy az összes tészta és zöldség elférjen benne. Adjunk hozzá fokhagymát. Közepes lángon főzzük, amíg a fokhagyma aranybarna nem lesz, körülbelül 2 percig. Adjunk hozzá céklát és zöldeket, valamint egy csipet sót és borsot. Főzzük keverés közben körülbelül 5 percig, vagy amíg a zöldségek át nem melegednek.

4. Forraljunk fel legalább 4 liter vizet egy nagy fazékban. Adjunk hozzá 2 evőkanál sót, majd a tésztát. Keverjük össze alaposan. Főzzük nagy lángon, gyakran kevergetve, amíg a tészta al dente, puha, de még szilárd nem lesz.

5. A tésztát lecsepegtetjük, a főzővíz egy részét tartalékoljuk. Adjuk hozzá a tésztát a serpenyőbe a céklával. Adjunk hozzá a főzővíz egy részét, és főzzük folyamatos keverés mellett, amíg a tészta egyenletes színt nem kap, körülbelül 1 percig. Adjunk hozzá

sajtot és keverjük újra. Azonnal tálaljuk bő, frissen őrölt fekete borssal.

Tészta salátával

Pasta al Insalata

4-6 adag receptje

A friss zöldségsalátával kevert tészta csodálatos könnyű nyári étel. Megettem, miközben barátaimat látogattam Piemontban. Ne hagyja túl sokáig állni, különben a zöldségek elveszítik ragyogó ízüket és megjelenésüket.

2 közepes paradicsom apróra vágva

1 közepes édesköményhagyma, levágva és falatnyi darabokra vágva

1 kisebb vöröshagyma apróra vágva

¼ csésze extra szűz olívaolaj

2 evőkanál bazsalikom vékony csíkokra vágva

Só és frissen őrölt fekete bors

2 csésze kivágott rukkola, kis darabokra tépve

1 lb. könyök

1. Egy nagy tálban keverjük össze a paradicsomot, az édesköményt, a hagymát, az olívaolajat, a bazsalikomot, valamint ízlés szerint sózzuk és borsozzuk. Keverjük össze alaposan. A tetejére rukkolával.

2. Forraljunk fel legalább 4 liter vizet egy nagy fazékban. Adjunk hozzá 2 evőkanál sót, majd a tésztát. Főzzük nagy lángon, gyakran kevergetve, amíg a tészta al dente, puha, de még szilárd nem lesz. Tegyünk félre a főzővíz egy részét. A tésztát lecsepegtetjük.

3. A tésztát összekeverjük a saláta keverékkel. Adjunk hozzá egy kis főzővizet, ha a tészta száraznak tűnik. Azonnal tálaljuk.

Fusilli sült paradicsommal

Fusilli a Pomodori al Fornóból

4-6 adag receptje

A sült paradicsom a kedvenc köret az otthonomban, amit halakhoz, borjúszeletekhez vagy steakekhez tálalok. Egy nap tele készítettem egy nagy serpenyőt, de nem volt mit tálalnom, kivéve néhány szárított tésztát. A sült paradicsomot és a levét összekevertem a frissen főtt fusillival. Most folyamatosan ezt csinálom.

2 font érett szilvaparadicsom (kb. 12-14), 1/4 hüvelykes szeletekre vágva

3 nagy gerezd fokhagyma, apróra vágva

½ teáskanál szárított oregánó

Só és frissen őrölt fekete bors

⅓ csésze olívaolaj

1 kilós fusilla

½ csésze apróra vágott friss bazsalikom vagy petrezselyem

1. Helyezze a rácsot a sütő közepére. Melegítsük elő a sütőt 400 ° F. Kivajazunk egy 13×9×2 hüvelykes tepsit vagy tepsit.

2. Helyezze a paradicsomszeletek felét az elkészített edénybe. Megszórjuk fokhagymával, oregánóval és ízlés szerint sózzuk, borsozzuk. A tetejére tesszük a maradék paradicsomot. Meglocsoljuk olajjal.

3. Süssük addig, amíg a paradicsom nagyon megpuhul, 30-40 percig. Vegye ki az edényt a sütőből.

4. Forraljunk fel legalább 4 liter vizet egy nagy fazékban. Adjunk hozzá 2 evőkanál sót, majd a tésztát. Keverjük össze alaposan. Főzzük nagy lángon, gyakran kevergetve, amíg a tészta al dente, puha, de még szilárd nem lesz. A tésztát lecsepegtetjük, a főzővíz egy részét tartalékoljuk.

5. A tésztát a sült paradicsom tetejére helyezzük, és jól megforgatjuk. Adjuk hozzá a bazsalikomot vagy a petrezselymet, és keverjük össze újra, adjunk hozzá egy kevés főzővizet, ha a tészta száraznak tűnik. Azonnal tálaljuk.

Könyök burgonyával, paradicsommal és rukkolával

La Bandiera

Recept 6-8 adaghoz

Pugliában ezt a tésztát "zászlónak" hívják, mert az olasz zászló vörös, fehér és zöld színét viseli. Egyes szakácsok több folyadékkal készítik, és levesként tálalják.

¼ csésze olívaolaj

2 nagy gerezd fokhagyma, apróra vágva

Egy csipet őrölt pirospaprika

1½ font érett szilvaparadicsom, meghámozva, kimagozva és apróra vágva (kb. 3 csésze)

2 evőkanál apróra vágott friss bazsalikom

Só és frissen őrölt fekete bors

1 lb. könyök

3 közepesen forráspontú burgonya (1 font), meghámozva és ½ hüvelykes darabokra vágva

2 csokor rukkola, levágva és 1 hüvelykes darabokra vágva (kb. 4 csésze)

⅓ csésze frissen reszelt Pecorino Romano

1. Öntsük az olajat egy akkora serpenyőbe, hogy elférjen benne a tészta. Adjuk hozzá a fokhagymát és a zúzott pirospaprikát. Közepes lángon főzzük, amíg a fokhagyma aranybarna nem lesz, 2 percig.

2. Adjunk hozzá paradicsomot, bazsalikomot és ízlés szerint sózzuk, borsozzuk. Forraljuk fel, és főzzük, időnként megkeverve, amíg a szósz kissé besűrűsödik, körülbelül 10 percig.

3. Forraljunk fel legalább 4 liter vizet egy nagy fazékban. Adjunk hozzá 2 evőkanál sót, majd a tésztát. Keverjük össze alaposan. Amikor a víz felforrt, hozzáadjuk a burgonyát, és rendszeresen kevergetve addig főzzük, amíg a tészta al dente, puha, de még szilárd nem lesz.

4. A tésztát és a burgonyát lecsepegtetjük, a főzővíz egy részét tartalékoljuk. A forrásban lévő paradicsomszószhoz adjuk a tésztát, a burgonyát és a rukkolát. Keverés közben főzzük 1-2 percig, amíg a tésztát és a zöldségeket jól be nem vonja a szósz. Adjunk hozzá egy kis főzővizet, ha a tészta száraznak tűnik.

5.Összekeverjük sajttal és azonnal tálaljuk.

Linguine római rusztikus stílusban

Linguine alla Ciociara

4-6 adag receptje

Barátaim, Diane Darrow és Tom Maresca, akik az olasz borokról és ételekről írnak, bemutattak nekem ezt a római tésztát. A név jelentése "parasztasszony" a helyi nyelvjárásban. A zöldpaprika friss, füves íze teszi különlegessé ezt az egyszerű tésztát.

1 közepes zöldpaprika

½ csésze olívaolaj

2 csésze hámozott, kimagozott és apróra vágott friss paradicsom vagy lecsepegtetett és apróra vágott konzerv importált olasz paradicsom

½ csésze durvára vágott gaeta vagy más enyhe, olajban pácolt fekete olívabogyó

Só

Egy csipet őrölt pirospaprika

1 font linguine vagy spagetti

½ csésze frissen reszelt Pecorino Romano

1. A paprikát félbevágjuk, szárát és magjait eltávolítjuk. A paprikát hosszában nagyon vékonyra szeleteljük, majd a szeleteket keresztben harmadára vágjuk.

2. Egy akkora serpenyőben, hogy elférjen benne a főtt spagetti, melegítsük fel az olajat közepes lángon. Hozzáadjuk a paradicsomot, a borsot, az olajbogyót, ízlés szerint sózzuk és a törött pirospaprikát. Forraljuk fel, és főzzük, időnként megkeverve, amíg a szósz kissé besűrűsödik, körülbelül 20 percig.

3. Forraljunk fel legalább 4 liter vizet egy nagy fazékban. Adjunk hozzá 2 evőkanál sót, majd a tésztát. Keverjük össze alaposan. Főzzük nagy lángon, gyakran kevergetve, amíg a tészta al dente, puha, de még szilárd nem lesz. A tésztát lecsepegtetjük, a főzővíz egy részét tartalékoljuk.

4. Adjuk hozzá a tésztát a serpenyőbe a szósszal. Főzzük és keverjük közepes lángon 1 percig, adjunk hozzá egy kevés főzővizet, ha a tészta száraznak tűnik. Adjunk hozzá sajtot és keverjük újra. Azonnal tálaljuk.

Penne tavaszi zöldségekkel és fokhagymával

Penne alla Primavera

4-6 adag receptje

Bár a primavera szósz elkészítésének klasszikus módja a sűrű tejszín és vaj, ez a fokhagymás olívaolajon alapuló módszer is jó.

1/4 csésze olívaolaj

4 gerezd fokhagyma, finomra vágva

8 spárga, falatnyi darabokra vágva

4 zöldhagyma, 1/4 hüvelykes szeletekre vágva

3 nagyon kicsi cukkini (körülbelül 12 uncia), 1/4 hüvelykes szeletekre vágva

2 közepes sárgarépa, 1/4 hüvelykes szeletekre vágva

2 evőkanál vizet

Só és frissen őrölt fekete bors

2 csésze kis koktél- vagy szőlőparadicsom félbevágva

3 evőkanál apróra vágott friss lapos petrezselyem

½ csésze frissen reszelt Pecorino Romano

1. Öntsük az olajat egy akkora serpenyőbe, hogy elférjen benne a tészta. Adjuk hozzá a fokhagymát és főzzük közepes lángon 2 percig. Keverjük össze spárgával, zöldhagymával, cukkinivel, sárgarépával, vízzel és ízlés szerint sózzuk, borsozzuk. Fedjük le a serpenyőt, és csökkentsük a hőt. Főzzük, amíg a sárgarépa majdnem megpuhul, 5-10 percig.

2. Forraljunk fel legalább 4 liter vizet egy nagy fazékban. Adjunk hozzá 2 evőkanál sót, majd a tésztát. Keverjük össze alaposan. Főzzük nagy lángon, gyakran kevergetve, amíg a tészta al dente, puha, de még szilárd nem lesz. A tésztát lecsepegtetjük, a főzővíz egy részét tartalékoljuk.

3. Keverjük össze a serpenyőben a paradicsomot és a petrezselymet a zöldségekkel, és jól keverjük össze. Adjuk hozzá a tésztát és a sajtot, és keverjük össze újra, adjunk hozzá egy kevés főzővizet, ha a tészta száraznak tűnik. Azonnal tálaljuk.

"Draged" tészta tejszínnel és gombával

Strascinata tészta

4-6 adag receptje

Az umbriai Torgiano látogatásának fő oka, hogy a Le Tre Vaselle-ben szálljon meg, egy gyönyörű vidéki fogadóban, kiváló étteremmel. Néhány éve a férjemmel ettük ott ezt a szokatlan "rajzolt" tésztát. A pennette-nek nevezett rövid, hegyes tésztacsöveket közvetlenül rizottó stílusú szószban főzték. Még nem láttam sehol máshol így főtt tésztát.

Mivel a technika teljesen más, feltétlenül olvassa el a receptet, és melegítse fel a húslevest és az összes hozzávalót, mielőtt elkezdi.

A Lungarotti borászcsalád a Le Tre Vaselle tulajdonosa, és az egyik finom vörösboruk, például a Rubesco, tökéletes lenne ehhez a tésztához.

1 közepes hagyma, apróra vágva

6 evőkanál olívaolaj

1 font pennette, ditalini vagy tubetti

2 evőkanál konyakot

5 csésze forró házi készítésűHúslevesVagyCsirkealapvagy 2 csésze konzerv húsleves 3 csésze vízzel elkeverve

8 uncia szeletelt fehér gomba

Só és frissen őrölt fekete bors

¾ csésze nehéz tejszín

1 csésze reszelt Parmigiano-Reggiano

1 evőkanál apróra vágott friss lapos petrezselyem

1. Egy akkora serpenyőben, hogy az összes tészta elférjen, a hagymát 2 evőkanál olajon közepes lángon süssük puhára és aranybarnára, körülbelül 10 perc alatt. A hagymát kaparjuk az edénybe, és töröljük tisztára a serpenyőt.

2. Adjuk hozzá a maradék 4 evőkanál olajat a serpenyőbe, és melegítsük közepes lángon. Hozzáadjuk a tésztát, és gyakran kevergetve addig főzzük, amíg a tészta barnulni nem kezd, körülbelül 5 percig. Adjuk hozzá a konyakot, és főzzük, amíg el nem párolog.

3. Tegye vissza a hagymát az edénybe, és adjon hozzá 2 csésze forró húslevest, majd vegye fel a hőt közepesen alacsonyra, és főzze gyakran kevergetve, amíg a húsleves nagy része

felszívódik. Adjunk hozzá még 2 csésze húslevest. Ha a folyadék nagy része felszívódott, hozzáadjuk a gombát. Folytatva a keverést, apránként adjuk hozzá a maradék húslevest, hogy a tészta nedves maradjon. Ízlés szerint sózzuk, borsozzuk.

4. Körülbelül 12 perccel a húsleves hozzáadása után a tészta majdnem al dente legyen, puha, de még kemény. Keverjük hozzá a tejszínt, és pároljuk, amíg kissé besűrűsödik, körülbelül 1 percig.

5. Vegyük le a serpenyőt a tűzről, és keverjük hozzá a sajtot, keverjük hozzá a petrezselymet, és azonnal tálaljuk.

Római tészta paradicsommal és mozzarellával

Pasta alla Checca

4-6 adag receptje

Amikor a férjem először kóstolta meg ezt a tésztát Rómában, annyira ízlett neki, hogy ittlétünk alatt szinte minden nap megette. Ügyeljen arra, hogy krémes friss mozzarellát és igazán érett paradicsomot használjon. Ez a tökéletes tészta a nyári napokra.

3 közepes érett paradicsom

¼ csésze extra szűz olívaolaj

1 kis gerezd fokhagyma, finomra vágva

Só és frissen őrölt fekete bors

20 bazsalikom levél

1 font tubetti vagy ditalini

8 uncia friss mozzarella, apró kockákra vágva

1. Vágja félbe a paradicsomot, és távolítsa el a magokat. A paradicsom magjait kinyomkodjuk. Vágja fel a paradicsomot, és tegye egy akkora tálba, hogy az összes hozzávalót elférjen.

2. Keverjük össze olajjal, fokhagymával és ízlés szerint sózzuk, borsozzuk. Rendezzük el a bazsalikom leveleket, és vágjuk vékony csíkokra. A bazsalikomot a paradicsomba keverjük. Ez a szósz előre elkészíthető és szobahőmérsékleten legfeljebb 2 óráig tárolható.

3. Forraljunk fel legalább 4 liter vizet egy nagy fazékban. Adjunk hozzá 2 evőkanál sót, majd a tésztát. Keverjük össze alaposan. Főzzük nagy lángon, gyakran kevergetve, amíg a tészta al dente, puha, de még szilárd nem lesz. A tésztát leszűrjük és a szósszal összekeverjük. Adjuk hozzá a mozzarellát és keverjük újra. Azonnal tálaljuk.

Fusilli tonhalral és paradicsommal

Fusilli al Tonno

4-6 adag receptje

Bármennyire is szeretem a jó frissen grillezett tonhal steaket, azt hiszem, a tonhalkonzervet még jobban szeretem. Természetesen remek szendvicseket és salátákat készítenek belőle, de az olaszoknak számos más felhasználási területük is van, például a klasszikus Vitello Tonnato (Borjúhús tonhal szószban) borjúhúshoz, vagy pástétomot formálva vagy tésztával kombinálva, amelyet a szakácsok gyakran készítenek Szicíliában. Ehhez a szószhoz ne használjon vízzel áztatott tonhalat. Az íze túl lágy, az állaga pedig túl lágy. A legjobb íz és állag érdekében használjon jó minőségű tonhalat olívaolajban Olaszországból vagy Spanyolországból.

3 közepes paradicsom apróra vágva

1 (7 uncia) doboz importált olasz vagy spanyol tonhal olívaolajban

10 friss bazsalikom levél apróra vágva

½ teáskanál szárított oregánó, összetörve

Egy csipet őrölt pirospaprika

Só

1 font fusilli vagy rotella

1. Egy nagy tálban keverje össze a paradicsomot, a tonhalat olajjal, bazsalikommal, oregánóval, pirospaprikával és ízlés szerint sóval.

2. Forraljunk fel legalább 4 liter vizet egy nagy fazékban. Adjunk hozzá 2 evőkanál sót, majd a tésztát. Keverjük össze alaposan. Főzzük nagy lángon, gyakran kevergetve, amíg a tészta al dente, puha, de még szilárd nem lesz. Tegyünk félre a főzővíz egy részét. A tésztát lecsepegtetjük.

3. Öntsük a szószt a tésztára. Adjunk hozzá egy kis főzővizet, ha a tészta száraznak tűnik. Azonnal tálaljuk.

Linguine szicíliai pestoval

Linguine al Pesto trapanese

4-6 adag receptje

A pesto szószt általában Liguriához kötik, de leginkább a bazsalikommal és a fokhagymával. A pesto olaszul mindenre utal, amit pépesítenek, apróra vágnak vagy pépesítenek, és általában így készül ez a szósz Trapaniban, Nyugat-Szicília tengerparti városában.

Nagyon sok íz van ebben az ételben; sajt nem kell.

½ csésze blansírozott mandula

2 nagy gerezd fokhagyma

½ csésze csomagolt friss bazsalikomlevél

Só és frissen őrölt fekete bors

1 font friss paradicsom, meghámozva, kimagozva és apróra vágva

⅓ csésze extra szűz olívaolaj

1 font linguine

1. Aprítógépben vagy turmixgépben keverje össze a mandulát, a fokhagymát, a bazsalikomot és ízlés szerint sót és borsot. A hozzávalókat apróra vágjuk. Adjuk hozzá a paradicsomot és az olajat, és keverjük simára.

2. Forraljunk fel legalább 4 liter vizet egy nagy fazékban. Adjunk hozzá 2 evőkanál sót, majd a tésztát, és óvatosan nyomkodjuk addig, amíg a tésztát teljesen el nem fedi a víz. Keverjük össze alaposan. Főzzük nagy lángon, gyakran kevergetve, amíg a tészta al dente, puha, de még szilárd nem lesz. Tegyünk félre a főzővíz egy részét. A tésztát lecsepegtetjük.

3. A tésztát egy nagy, meleg tálba öntjük. Adjuk hozzá a szószt és jól keverjük össze. Adjunk hozzá néhány fenntartott tésztavizet, ha a tészta száraznak tűnik. Azonnal tálaljuk.

Spagetti "Crazy" pestoval

Spagetti Pesto Mattoval

4-6 adag receptje

Ez a recept az olaszországi Agnesi Pasta által kiadott "A tésztafőzés örömei" című füzetből készült. A recepteket házi szakácsok küldték be, és a recept írója valószínűleg rögtönözte ezt a nem mindennapi pestót (innen a név).

2 közepes érett paradicsom meghámozva, kimagozva és feldarabolva

½ csésze apróra vágott fekete olajbogyó

6 bazsalikomlevél, egymásra rakva és vékony szalagokra vágva

1 evőkanál apróra vágott friss kakukkfű

¼ csésze olívaolaj

Só és frissen őrölt fekete bors

1 kiló spagetti vagy linguine

4 uncia puha friss kecskesajt

1. Egy nagy tálban keverjük össze a paradicsomot, az olívabogyót, a bazsalikomot, a kakukkfüvet, az olajat és ízlés szerint sózzuk, borsozzuk.

2. Forraljunk fel legalább 4 liter vizet egy nagy fazékban. Adjunk hozzá 2 evőkanál sót, majd a tésztát, és óvatosan nyomkodjuk addig, amíg a tésztát teljesen el nem fedi a víz. Keverjük össze alaposan. Nagy lángon, gyakori kevergetés mellett addig főzzük, amíg a tészta megpuhul. A tésztát lecsepegtetjük.

3. Adjuk hozzá a tésztát a tálba a paradicsommal, és jól keverjük össze. Adjunk hozzá kecskesajtot, és keverjük újra. Azonnal tálaljuk.

Csíkok nyers Puttanesca szósszal

Farfalle alla Puttanesca

4-6 adag receptje

Ennek a tésztaszósznak az összetevői hasonlóak ezekhez<u>Linguine szardella és fűszeres paradicsomszósszal</u>, de az íze teljesen más, mert ez a szósz nem igényel főzést.

1 liter koktél- vagy szőlőparadicsom félbevágva

6-8 szardella filé, apróra vágva

1 nagy gerezd fokhagyma, nagyon apróra vágva

½ csésze kimagozott és apróra vágott Gaeta vagy más enyhe fekete olajbogyó

¼ csésze finomra vágott friss lapos petrezselyem

2 evőkanál kapribogyó, leöblítve és felaprítva

½ teáskanál szárított oregánó

¼ csésze extra szűz olívaolaj

Só ízlés szerint

Egy csipet őrölt pirospaprika

1 font farfalle vagy szárított fettuccine

1. Egy nagy tálban keverje össze a paradicsomot, a szardellat, a fokhagymát, az olajbogyót, a petrezselymet, a kapribogyót, az oregánót, az olajat, a sót és a pirospaprikát. Hagyja 1 órán át szobahőmérsékleten.

2. Forraljunk fel legalább 4 liter vizet egy nagy fazékban. Adjunk hozzá 2 evőkanál sót, majd a tésztát. Keverjük össze alaposan. Nagy lángon, gyakori kevergetés mellett addig főzzük, amíg a tészta megpuhul. Tegyünk félre a főzővíz egy részét. A tésztát lecsepegtetjük.

3. Öntsük a szószt a tésztára. Adjunk hozzá egy kis főzővizet, ha a tészta száraznak tűnik. Azonnal tálaljuk.

Tészta nyers zöldségekkel

Pasta alla Crudaiola

4-6 adag receptje

A zeller a ropogós és a citromlé tiszta, könnyű ízét adja ennek az egyszerű nyári tésztának.

2 kiló érett paradicsom, meghámozva, kimagozva és apróra vágva

1 gerezd fokhagyma, nagyon apróra vágva

1 csésze zsenge zeller tarja, vékonyra szeletelve

½ csésze bazsalikomlevél, egymásra rakva és vékony szalagokra vágva

½ csésze Gaeta vagy más enyhe fekete olajbogyó, kimagozva és apróra vágva

¼ csésze extra szűz olívaolaj

1 evőkanál citromlé

Só és frissen őrölt fekete bors

1 font fusilli vagy gemella

1. Tegye a paradicsomot egy nagy tálba a fokhagymával, zellerrel, bazsalikommal és olajbogyóval, és jól keverje össze. Keverjük össze olajjal, citromlével és ízlés szerint sózzuk, borsozzuk.

2. Forraljunk fel legalább 4 liter vizet egy nagy fazékban. Adjunk hozzá 2 evőkanál sót, majd a tésztát. Keverjük össze alaposan. Nagy lángon, gyakori kevergetés mellett addig főzzük, amíg a tészta megpuhul. A tésztát leszűrjük, majd gyorsan összekeverjük a szósszal. Azonnal tálaljuk.

Spagetti "Siess".

Spagetti Sciue'Sciue'

4-6 adag receptje

A kis szőlőparadicsomok olyan ízűek, mint a nagy paradicsomok, és egész évben szezonja van. A koktélparadicsom is jól használható ebben a receptben. A nápolyi sciue "sciue" kifejezés (ejtsd: shoo-ay, shoo-y) olyasmit jelent, mint a "siess", és ez a szósz gyorsan elkészül.

¼ csésze olívaolaj

3 gerezd fokhagyma, vékonyra szeletelve

Egy csipet őrölt pirospaprika

3 csésze szőlő- vagy koktélparadicsom félbevágva

Só

Egy csipet szárított oregánó, összetörve

1 kiló spagetti

1. Öntsük az olajat egy akkora serpenyőbe, hogy elférjen benne a főtt tészta. Adjunk hozzá fokhagymát és pirospaprikát. Közepes lángon főzzük, amíg a fokhagyma enyhén aranybarna nem lesz,

körülbelül 2 percig. Adjunk hozzá paradicsomot, sót ízlés szerint és oregánót. Egyszer-kétszer megkeverve főzzük 10 percig, amíg a paradicsom megpuhul és a leve kissé besűrűsödik. Kapcsolja ki a fűtést.

2.Forraljunk fel legalább 4 liter vizet egy nagy fazékban. Adjunk hozzá 2 evőkanál sót, majd a tésztát, és óvatosan nyomkodjuk addig, amíg a tésztát teljesen el nem fedi a víz. Keverjük össze alaposan. Főzzük nagy lángon, gyakran kevergetve, amíg a tészta al dente, puha, de még szilárd nem lesz. A tésztát lecsepegtetjük, a főzővíz egy részét tartalékoljuk.

3.Helyezze a tésztát a serpenyőbe a paradicsomszósszal. Növeljük a hőt, és kevergetve főzzük 1 percig. Adjunk hozzá egy kis főzővizet, ha a tészta száraznak tűnik. Azonnal tálaljuk.

„Őrült" Penne

Penne all'Arrabbiata

4-6 adag receptje

Ezeket a római stílusú penne-t "haragnak" nevezik a paradicsomszósz izzó íze miatt. Annyi vagy kevés őrölt pirospaprikát használjunk, amennyit szeretünk. Ezt a tésztát általában sajt nélkül tálalják.

¼ csésze olívaolaj

4 gerezd fokhagyma enyhén összetörve

Ízlés szerint tört pirospaprika

2 font friss paradicsom meghámozva, kimagozva és apróra vágva, vagy 1 (28 uncia) konzerv import olasz paradicsom, meghámozva, lecsöpögtetve és apróra vágva

2 levél friss bazsalikom

Só

1 kilós tollak

1. Öntsön olajat egy akkora serpenyőbe, hogy az összes tészta elférjen benne. Adjunk hozzá fokhagymát és borsot, és főzzük, amíg a fokhagyma mély aranybarna nem lesz, körülbelül 5 percig. Távolítsa el a fokhagymát.

2. Adjunk hozzá paradicsomot, bazsalikomot és sót ízlés szerint. Főzzük 15-20 percig, vagy amíg a szósz besűrűsödik.

3. Forraljunk fel legalább 4 liter vizet egy nagy fazékban. Adjunk hozzá 2 evőkanál sót, majd a tésztát. Keverjük össze alaposan. Főzzük nagy lángon, gyakran kevergetve, amíg a tészta al dente, puha, de még szilárd nem lesz. Tegyünk félre a főzővíz egy részét. A tésztát lecsepegtetjük.

4. Tedd át a pennét a serpenyőbe, és forgasd jól erős lángon. Adjunk hozzá egy kis főzővizet, ha a tészta száraznak tűnik. Azonnal tálaljuk.

Rigatoni ricottával és paradicsomszósszal

Rigatoni Ricottával és Salsa di Pomodoroval

4-6 adag receptje

Ez egy régimódi dél-olasz tésztatálalási mód, amely ellenállhatatlan. Egyes szakácsok szeretik a tésztát csak paradicsomszószba önteni, majd külön tálalni a ricottát, mások viszont mindent összekevernek tálalás előtt. A választás a tiéd.

21/2 dl paradicsomszósz

1 font rigatoni, kagyló vagy cavatelli

Só

1 csésze egész vagy részben zsírtalanított ricotta szobahőmérsékleten

Ízlés szerint frissen reszelt Pecorino Romano vagy Parmigiano-Reggiano

1. Ha szükséges, mártást készítünk. Forraljunk fel legalább 4 liter vizet egy nagy fazékban. Adjunk hozzá 2 evőkanál sót, majd a tésztát. Keverjük össze alaposan. Főzzük nagy lángon, gyakran kevergetve, amíg a tészta al dente, puha, de még szilárd nem lesz.

2. Amíg a tészta fő, szükség esetén felforraljuk a szószt.

3. Öntsön forró mártást a felforrósított tálba. A tésztát leszűrjük, és a tálba tesszük. Azonnal keverjük össze, adjunk hozzá még több szószt ízlés szerint. Adjuk hozzá a ricottát és jól keverjük össze. A reszelt sajtot külön tálaljuk. Azonnal tálaljuk.

Íj koktélparadicsommal és zsemlemorzsával

Farfalle al Pomodorini és Briciole

4-6 adag receptje

Ez a tészta jelenleg nagyon divatos Olaszországban. Egy csepp extra szűz olívaolajjal tálaljuk.

6 evőkanál olívaolaj

1 kiló koktél- vagy szőlőparadicsom, hosszában félbevágva

½ csésze normál száraz zsemlemorzsa

¼ csésze frissen reszelt Pecorino Romano

2 evőkanál apróra vágott friss lapos petrezselyem

Só és frissen őrölt fekete bors

1 font farfalle

Extra szűz olívaolaj

1. Helyezze a rácsot a sütő közepére. Melegítse elő a sütőt 350° F. Öntsön 4 evőkanál olajat egy 13 x 9 x 2 hüvelykes tepsibe. Helyezze a paradicsomot vágott felével felfelé a serpenyőbe.

2. Egy kis tálban keverjük össze a zsemlemorzsát, a sajtot, a petrezselymet, a maradék 2 evőkanál olívaolajat, és ízlés szerint sózzuk és borsozzuk. A morzsát elosztjuk a paradicsommal. 30 percig sütjük, vagy amíg a paradicsom megpuhul és a morzsa enyhén megpirul.

3. Forraljunk fel legalább 4 liter vizet egy nagy fazékban. Adjunk hozzá 2 evőkanál sót, majd a tésztát. Keverjük össze alaposan. Főzzük magas lángon, gyakran kevergetve, amíg a tészta megpuhul, de kissé meg nem sül. A tésztát leszűrjük, és a paradicsommal és egy kevés extra szűz olívaolajjal együtt a serpenyőbe tesszük. Azonnal tálaljuk.

Töltött kagylók

Conchiglie Ripiene

Recept 6-8 adaghoz

A Jumbo tésztahéjak úgy néznek ki, mint a paradicsomszósztengeren lebegő csónakok. A gazdag tölteléknek köszönhetően ebből a receptből 6-8 adag lesz. Ezek a kagylók nagyszerűek egy partihoz.

Körülbelül 4 csésze kedvenc paradicsomszósz vagy ragú,

Só

1 csomag (12 uncia) jumbo kagyló

2 kiló egészben vagy részben zsírtalanított ricotta

8 uncia friss mozzarella, aprítva

1 csésze reszelt Parmigiano-Reggiano

2 evőkanál apróra vágott friss lapos petrezselyem

1 tojás, enyhén felverve

Frissen őrölt fekete bors

1. Ha szükséges, mártást készítünk. Forraljunk fel legalább 4 liter vizet egy nagy fazékban. Adjunk hozzá 2 evőkanál sót, majd a tésztát. Keverjük össze alaposan. Főzzük magas lángon, gyakran kevergetve, amíg a tészta körülbelül félig megfőtt, rugalmas, de még mindig nagyon kemény lesz. A tésztát leszűrjük, és egy nagy tál hideg vízbe tesszük.

2. Keverje össze a ricottát, a mozzarellát, a 1/2 csésze parmigianót, a petrezselymet, a tojást, a sót és a borsot.

3. Helyezze a rácsot a sütő közepére. Melegítsd elő a sütőt 350 °F-ra. Kenj egy vékony réteg szószt egy olyan serpenyőbe, amely akkora, hogy a kagylókat egy rétegben tartsa. A tészta héját jól lecsepegtetjük és szárazra töröljük. Töltsük meg a héjakat a sajtkeverékkel, és tegyük egymás mellé az edénybe. Öntsük rá a maradék szószt. Megszórjuk a maradék 1/2 csésze sajttal.

4. Süssük a kagylókat 25-30 percig, vagy amíg a szósz felpezsdül, és a héjak át nem melegednek.

Spagetti pecorinóval és borssal

Spagetti Cacio és Pepe

4-6 adag receptje

A szárított tésztát a 14. században kezdték el ipari méretekben gyártani Nápolyban. A tésztagépet cérnametélt néven ismerték, a tésztát pedig a vermicelli generikus néven, azaz "kis kukac" néven nevezték, mivel a legtöbb tészta hosszú szálakból készült.

A rómaiak ezt a gyors tésztát sok fekete borssal és Pecorino Romano-val készítik. Ehhez az ilyen kevés összetevőből álló ételhez használjon jó minőségű friss pecorinót, és közvetlenül felhasználás előtt reszelje le, hogy a legjobb ízt kapja.

Só

1 kiló spagetti vagy linguine

2 evőkanál extra szűz olívaolaj

1 evőkanál durvára őrölt fekete bors

1 csésze frissen reszelt Pecorino Romano

1. Forraljunk fel legalább 4 liter vizet egy nagy fazékban. Adjunk hozzá 2 evőkanál sót, majd a tésztát, és óvatosan nyomkodjuk addig, amíg a tésztát teljesen el nem fedi a víz. Keverjük össze alaposan. Főzzük nagy lángon, gyakran kevergetve, amíg a tészta al dente, puha, de még szilárd nem lesz. A tésztát lecsepegtetjük, a főzővíz egy részét tartalékoljuk.

2. Egy nagy tálban keverjük össze a tésztát az olajjal, borssal, a sajt felével és egy kevés főzővízzel, amíg a sajt elolvad. A tésztát ismét összekeverjük a maradék sajttal. Azonnal tálaljuk.

www.ingramcontent.com/pod-product-compliance
Lightning Source LLC
Chambersburg PA
CBHW050150130526
44591CB00033B/1224